大学留学を成功させる英語 キーフレーズ 600+

岡本茂紀　著

コスモピア

はじめに

　海外留学は、学生にとってその後の人生に大きな影響を与える一大イベントではないでしょうか。多くの留学経験者たちが、留学中の出来事を楽しく有意義な思い出として披露し、就職・仕事や社会生活へのポジティブな影響について実感を込めて語ります。

　とはいえ、慣れない海外の国・地域での長期間の滞在は、さまざまな不安や心配事と隣り合わせだと言えるでしょう。とりわけ、言葉の問題は、多くの留学生にとってなかなか払拭できない不安要素のひとつです。

　留学自体が、その目的いかんにかかわらず、結果として語学力の向上に大きく寄与することは、多くの留学経験者たちによって実証されていると言えます。しかし、特に出発前や留学の初期段階では言葉にまつわる不安や障壁が大きいので、やはり何らかの事前準備を怠らないことが重要です。あらかじめ十分に準備しておけば、留学生活を通じて効率的に語学力を向上させることができるはずです。

　本書では、英語圏に留学する大学生・大学院生が理解し、使いこなすべき 600 余りの英語のキーフレーズを紹介しています。全体を大きく 3 つの章に分け、Chapter 1 では授業を中心とした大学内でのアカデミックな場面・状況に密着したキーフレーズを、Chapter 2 では大学外での日常生活場面に即し

たキーフレーズを、そして Chapter 3 では場面・状況横断型の機能フレーズを、それぞれ約 200 ずつ取り上げています。

　紹介するキーフレーズは、動詞句・副詞句・名詞句・短文や決まり文句と多彩です。2 語以上でひとつの意味のまとまりを形成する頻出フレーズばかりを集めました。各キーフレーズには、意味や使いどころを実感しやすいリアリティーのある例文と、使い方の注意点や類似の表現などを紹介した解説を付しています。特に解説では、フレーズのバリエーションの紹介に力を入れました。英語の理解力・表現力を向上させるには、頭の中になるべく大きな表現データベースを構築することが有効だと考えられるからです。

　本書は、留学前の準備学習に役立つとともに、実際に留学してから英語表現に関する疑問が湧いたとき、それを氷解させるためのレファレンスブックとしても利用できるものです。本書を十分に活用し、皆さんが充実した留学生活を送られることを望んでいます。

2020 年 3 月

岡本茂紀

Contents

Chapter 1

アカデミックシーンに飛び込む
積極参加型キーフレーズ 205

Chapter 2

カレッジライフを整える
生活必需型キーフレーズ 200

本書の構成と使い方

本書には、3つの Chapter があり、Chapter の中は Section に分かれています。

Section の本文 2

キーフレーズ通しの番号

音声ファイルの番号

キーフレーズと訳

キーフレーズの説明

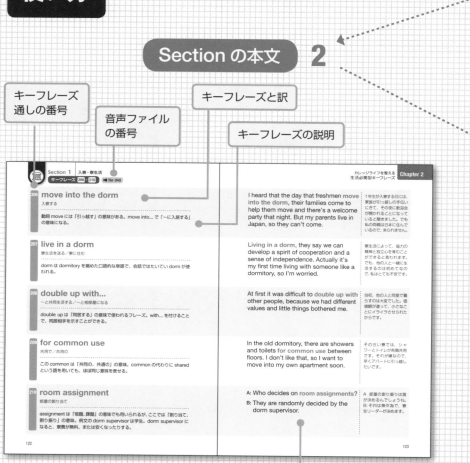

206 move into the dorm
入寮する

動詞 move には「引っ越す」の意味がある。move into... で「～に入居する」の意味になる。

I heard that the day that freshmen move into the dorm, their families come to help them move and there's a welcome party that night. But my parents live in Japan, so they can't come.

1年生が入寮する日には、家族が引っ越しの手伝いにきて、その夜に歓迎会が開かれることになっていると聞きました。でも私の両親は日本に住んでいるので、来られません。

207 live in a dorm
寮生活を送る／寮に住む

dorm は dormitory を縮めた口語的な単語で、会話ではたいてい dorm が使われる。

Living in a dorm, they say we can develop a spirit of cooperation and a sense of independence. Actually it's my first time living with someone like a dormitory, so I'm worried.

寮生活によって、協力の精神と独立心を育むことができると言われます。でも、他の人と一緒に生活するのは初めてなので、私はとても不安です。

208 double up with...
～と共同生活する／～と相部屋になる

double up は「同居する」の意味で使われるフレーズ。with... を付けることで、同居相手を示すことができる。

At first it was difficult to double up with other people, because we had different values and little things bothered me.

当初、他の人と同室で暮らすのは大変でした。価値観が違って、小さなことにイライラさせられたからです。

209 for common use
共同／共用の

この common は「共同の、共通の」の意味。common の代わりに shared という語を用いても、ほぼ同じ意味を表せる。

In the old dormitory, there are showers and toilets for common use between floors. I don't like that, so I want to move into my own apartment soon.

その古い寮では、シャワートイレが各階共用です。それが嫌なので、早くアパートに引っ越したいです。

210 room assignment
部屋の割り当て

assignment は「宿題、課題」の意味でも用いられるが、ここでは「割り当て、割り振り」の意味。例文の dorm supervisor は学生。dorm supervisor になると、寮費が無料、または安くなったりする。

A: Who decides on room assignments?
B: They are randomly decided by the dorm supervisor.

A 部屋の割り振りは誰が決めるんでしょうね。
B: それは無作為で、寮生リーダーが決めます。

122 123

キーフレーズを用いた例文と訳

留学生本人が話すことを前提とした例文が中心ですが、教員および他の学生の発言や、あるいは事務手続き上、知っておかなければならないことが告知された場合、理解することが必要な内容を含む例文も含まれます。

6

1 Section の冒頭

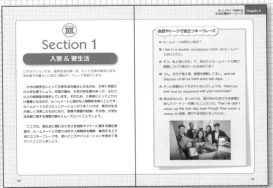

Chapter 1 と Chapter 2 の各 Section の最初には、その Section で学ぶことと、キーフレーズを使ったモデルトークのさわりが示されます。

下に示された 3 の「Section のまとめのモデルトーク」には、この会話の完全版が掲載されています。

3 Section のまとめのモデルトーク

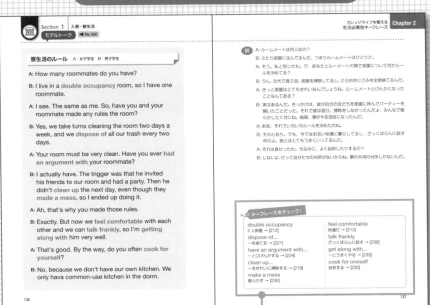

Chapter 1 と Chapter 2 には各 Section の最後に、キーフレーズを用いたモデルトークが示されます。実際にキーフレーズを使う状況を想像しながら音声を聞いて、声に出して練習してみてください。

「体験的」留学英語作法 ❶ ～ ❻

留学経験者の平田久子さん（『留学を考え始めた親と子が読む本』の著者）が留学時の実体験をもとに、言葉にまつわるエピソードを面白おかしく語ります。

ホントはどうなの？アメリカにおける英語のフォーマリティーに関する私見 ❶ ～ ❸

現地でさまざまな立場の人に接するときに、対人関係のあり方をどのように考えて、どのような言葉遣いで接すればいいのか、アメリカ人のネイティブスピーカーから体験的アドバイスをもらいました。

病気の症状を表す表現

留学中にいちばん怖いのが病気。もしものときのために覚えておきたい表現を集めました。

音声ファイル番号一覧

スマホでらくらく聞ける！
音声ダウンロードについて

●簡単な登録で、音声をスマートフォンや PC にダウンロードできます。

●アプリ「audiobook.jp」では、速度変更やくり返し再生を行うことができます。（上図参照）

＊音声をダウンロードするには、連携サイト audiobook.jp での会員登録（無料）が必要です。
　下記の手順に沿って音声をご利用ください。
＊以前の「FeBe」が「audiobook.jp」とサービス名を変更しました。新しいアプリをインストールしてください。（ログイン後、以前の音声データも引き継がれますので安心してご利用ください。）

対応機種　・PC （Windows/Mac）
・・・・・・・・・　・iOS （iPhone/iPad）
・Android （タブレット、スマートフォン）

このサイトにアクセス！
または「コスモピア シリアルコード」で検索！

https://audiobook.jp/exchange/cosmopier

1
audiobook.jp に
会員登録（無料）

2
上記サイトで
8 桁の
シリアルコード＊
を入力

3
audiobook.jp の
本棚から
ダウンロード
スマホの場合は、アプリ
「オーディオブック」から！

＊ 8 桁のシリアルコード T0020006 をご入力ください

PC をお使いの方は下記の方法でご利用ください。（登録無料）

① 「コスモピアクラブ」に会員登録　http://cosmopier.net/

② 「コスモピア」に会員登録　http://cosmopier.net/shop/

　ログイン後、左側のカテゴリーの一番上にある「ダウンロードステーション」をクリック。

③ 「ダウンロードステーション」で「Go!」

　ダウンロードしたい音声がある書籍を選び、「Go!」をクリック。音声は PC の一括ダウンロード用圧縮ファイル（ZIP 形式）でのご提供です。解凍してお使いください。

Chapter 1

アカデミックシーンに飛び込む

積極参加型キーフレーズ 205

このチャプターでは、留学生活の中心となる大学・大学院での授業・講義・演習・試験など学業に的を絞り、さまざまなアカデミックシーンでのコミュニケーションに威力を発揮するキーフレーズと、その使い方を見ていきます。

Section 1

授業 & 講義

このセクションでは、留学生活の中心となるはずの、大学での授業や講義の場で役立つ頻出キーフレーズを紹介します。

　一口に大学の授業と言っても、いろいろな形式のものがあります。例えば、教員がほぼ一方的に学生に語り掛ける講義形式のもの、学生がさまざまなアクティビティーに関与する演習形式のもの、少人数での発表や議論が中心となるゼミ形式のものなどです。こうした形式の違いにかかわらず、教員がよく使う表現、学生が覚えておきたいキーフレーズはたくさんあります。

　ここでは、授業・講義の具体的内容には踏み込まず、どのような授業・講義であってもよく使われる表現を紹介します。授業や講義の進め方の説明、試験や単位に関する決まりごとの確認、授業中のちょっとした指示や説明などの中でよく使われるキーフレーズを見ていきましょう。

会話やトークで役立つキーフレーズ

　こんにちは、皆さん。Please **take your seats**.「生物学初級」の授業にようこそ。I've just **handed out** the syllabus and **supporting materials**. のちほど、授業時間中に出席を取ります。まず、出席方針に関する概要をお話ししたいと思います。

　言うまでもなく、毎回の授業に時間どおりに出席することは重要です。If you're **late for class without notice**, 出席記録に影響します。正当な理由なく欠席した場合には、補習課題やってもらうことになります。さらに、if you **miss two or more classes**, 最終的に出席率が低いと見なされ、成績に響く可能性があります。最後に、if you need to **leave class early**, please **raise your hand** and let me know before I **call the roll**.

キーフレーズ **1** - **5** ◀ file 002

1 advance notice

事前通告／事前通知／事前に知らせること

- -

give someone advance notice（～に事前連絡 / 通知する）または give advance notice to someone の形でよく用いられる。

2 without notice

知らせずに／無断で／連絡なしに

- -

「無断で」というネガティブなニュアンスを強調する場合には、without due notice も使われる。この due は「当然の、あってしかるべき」の意味の形容詞。

3 attend a class

授業に出る／授業に出席する／受講する

- -

attend は「～に出席する」の意味の動詞で、attend an event（催しに参加する）や attend a meeting（打ち合わせに参加する）などの形でもよく使われる。積極的に関わるときには take part in... が使える。

4 be absent with...

～が理由で欠席する

- -

with の後には、欠席の理由を表す語句が続く。一方、be absent from... の形だと「～を欠席する」の意味となり、from の後に欠席の対象を表す語句が置かれる。

5 be late for class

授業に遅刻する

- -

この表現では、class に冠詞などは付かない。これは、go to school（登校する）の school が無冠詞で使われるのと同じ理由。学生が遅刻すると言えば「授業」だ、ということから class が一般化・抽象化されているため。

Please give your professor **advance notice** if you plan to miss a day of school.

学校を休む予定なら、担当教授に事前に連絡してください。

If you go to my office **without notice**, you will most likely miss me, so please e-mail first.

連絡なしに私の研究室に来ても、ほとんど会えないでしょうから、まずメールをください。

All students must **attend a history class** to learn more about this city and state.

すべての学生が歴史の授業に出席し、この市や州についてもっと学ぶ必要があります。

Your teacher **is absent with** the flu today, so I will be taking her place.

担当の先生がインフルエンザで今日はいらっしゃらないので、私が代講します。

I'm sorry I **was late for class**. I had a hard time finding the room.

授業に遅れてすみません。教室を見つけるのに手間取ってしまいました。

6 cancel a class

休講にする

cancel は「〜を取り消す、〜を中止する」という意味なので、cancel a class の主語には、原則的に授業の主催者、つまり学校や教員を表す語句がくる。

7 large attendance

出席者が多いこと

have (a) large attendance（出席者が多い、出席率が高い）の形でよく用いられる。(a) small attendance なら「出席者が少ない状況」という反対の意味。

8 leave class early

授業を早退する

5 の be late for class（授業に遅刻する）と同様に、class に冠詞などを付けない点に注意。

9 miss a class

授業に出そこなう／授業を欠席する

この miss は「〜（の機会）を逃す、やりそこなう」という意味。be absent from (a) class とも言えるが、こちらはやや硬い表現。

10 poor attendance

出席率が低いこと／欠席が多いこと

原則的に、学生の授業への出席率が低いことを表す表現。The class had poor attendance. と言えば、「授業への出席者が少ないこと」も表すことができる。反対に「出席率が高い」は、poor の代わりに good を用いる。

All **classes are canceled** tomorrow due to heavy snow and icy roads.

明日はすべての授業が休講です。理由は、大雪と路面凍結です。

This professor is very popular, so his classes fill up quickly and always have a **large attendance**.

この教授はとても人気があるので、彼の授業はすぐにいっぱいになり、いつも大勢の人が受講しています。

If you need to **leave class early**, please let me know before the class begins.

早退しなければならない場合は、授業が始まる前に申し出てください。

The teacher gives a lot of information in every class, so you can never **miss a class**.

あの先生は毎回の授業で大量の情報を詰め込んでくるので、絶対に授業を欠席できません。

If you have **poor attendance**, it will detract from your final grade.

出席率が低いと、最終的な成績に響きますよ。

11 skip a class

授業を欠席する／授業をサボる

- -

miss a class よりも、「サボる」といったやや否定的なニュアンスが強い表現。cut a class と言うと、さらに否定的なニュアンスが強まる。

12 call the roll

出席を取る

- -

この roll は「名簿、出席簿」の意味。call the roll で「名簿を読み上げる」、つまり「出席を取る」ということ。

13 take attendance

出席を取る

- -

call the roll と同じ意味。call the roll では roll に必ず the が付くが、take attendance では attendance が無冠詞で用いられる。

14 take one's seat

席に着く／着席する

- -

「席に着く、着席する」には、他にも be seated、have a seat、take a seat など、いろいろな言い方がある。

15 be short (on)...

〜が足りない

- -

short は「〜が足りない」という意味の形容詞。大学の授業関係の文脈では be short one credit（1 単位足りない）など、具体的な数値を伴う形で使われることが多い。

I **skipped a class**, so I didn't recognize some of the material on the final exam.

一度授業を休んだので、期末試験の題材の中に見覚えのないものがありました。

I'll **call the roll** now, and I apologize in advance if I mispronounce your name.

今から出席を取ります。あらかじめお断りしておきますが、名前を読み間違って発音したら、すみません。

Please let me **take attendance** quickly before we all go to the lecture hall together.

全員一緒に講堂に行く前に、急いで出席を取らせてください。

Please pick up a packet from the table by the door before **taking your seat**.

扉のそばのテーブルにある資料一式を取ってから、席に着いてください。

This classroom **is short on** chairs, so let's move to the larger room down the hall.

この教室には椅子が足りないので、廊下の先のもっと大きな部屋へ移りましょう。

16 call on...

〜を当てる／〜を指名する

call on... は、学校や授業に関連した文脈ではこの意味で使われる傾向があるが、一般的には「〜を訪問する」の意味でもよく使われる。

17 cover the chapter on...

〜についての講義を行う／〜に関する項目を扱う

この cover は「〜を網羅する、〜を取り扱う」の意味。cover にはさまざまな意味があるが、The TV program covers the latest local news. (そのテレビ番組は、地元の最新ニュースを報じている)のように「〜を報道する」の意味でもよく使われる。

18 follow a curriculum

カリキュラムに沿う

curriculum（カリキュラム、履修課程）も、授業関連のキーワードのひとつ。-ric- の部分に強勢を置いて発音する点に注意。複数形は curricula。ちなみに syllabus は「授業・講義の概要」を指す。

19 give someone an overview of...

〜の概論を述べる

overview は「概略、概要」の意味を表す。書物や書類を主語にするだけでなく、I'll give you an overview of the university's history. (本学の歴史の概要をお話しします)のように人を主語に立てることもできる。

20 hand out...

〜を配る

give out... と言い換えることも可能。handout と一 1 語にすると、名詞で、「配布物、プリント」の意味。

If you wish to speak, please raise your hand and wait to be **called on**.

発言したければ、挙手をして指名されるのを待ってください。

This class will **cover the chapter on** archeology.

この授業では、考古学について講義します。

This class **follows a curriculum** that was developed last year and introduced last semester.

この授業が準拠するカリキュラムは、昨年作られ、先学期から導入されました。

This pamphlet will **give you an overview of** the information covered in this class.

この資料を読めば、この授業で取り上げる内容の概略がわかります。

I am about to **hand out** the test papers, so please close your books and turn off your smartphones.

今から試験問題を配るので、本を閉じ、スマートフォンの電源を落としてください。

21 in a didactic manner

講義調で／講義形式で

- -

人を主語にした文で用いると、「(話などが) 説教じみた」といった否定的なニュアンスになることもある。授業などが「講義形式で」行われることも指す。

22 in terms of...

〜の観点から／〜については

- -

We'll explore this topic in terms of cross-cultural communication.（この話題を異文化コミュニケーションの観点から掘り下げます）のように、情報の力点を伝えるときにもよく用いられる。

23 pass out...

〜を配布する

- -

hand out... と似た表現だが、pass out... には、配布物を人づてに次々と回していくイメージがある。

24 book on reserve

指定図書

- -

on reserve とは「取っておく、確保しておく」という意味。a book on reserve で「授業用に確保された本」、つまり「指定図書、課題図書」を表す。

25 elective subject

選択科目

- -

elective は「選択的な」の意味の形容詞。名詞として用いると elective だけで「選択科目」の意味になる。また、optional course と言っても、ほぼ同じ意味。

The professor speaks **in a didactic manner** even when you talk to him outside of the classroom.

その教授は、教室外で話すときでも講義調でしゃべるのです。

In terms of the four main writing assignments, the deadlines are non-negotiable.

主要な4つのレポートの課題については、締め切りを厳守してもらいます。

First I will **pass out** the answer sheet, and then I will pass out the test booklet.

最初に解答用紙を配り、その後で問題冊子を配布します。

There are two **books on reserve** for all of you, and they're required reading for this class.

皆さんには指定図書が2冊あり、それらはこの授業での必読文献です。

That class will not count towards your major, since it is an **elective subject**.

あの授業はあなたの専攻の単位には加算されません。選択科目ですから。

26 makeup class

補講

----

makeup は「埋め合わせること」の意味を表す。makeup だけで「追試、追試験（= makeup exam）」の意味を表すこともある。

27 practice class

演習科目／実習科目

----

practice の代わりに exercise を使っても同じ意味。また、practical subject と表現することもできる。

28 required subject

必修科目

----

required の代わりに「義務的な」の意味の compulsory や obligatory が使われることもある。また、required course とも言える。

29 supporting material

裏付け資料／関連資料／補助教材

「補助教材」の意味では、supplementary material や support material、あるいは aid なども使われる。

30 faculty evaluation

学生が行う教授の授業評価

教授・教員が学生を評価する一方で、学生側が教授陣を評価する機会も設けられるのが普通。faculty は大学の「教授陣、教員たち」を集合的に表す語。

If you are all interested, we could schedule a **makeup class** to compensate for the snow day.

皆さんが希望するのであれば、あの雪の日の分の補講を設けることも可能です。

This is a **practice class**, to give everyone a chance to get used to working in groups.

これは演習科目で、全員にグループ実習に慣れる機会を与えます。

That class is a **required subject** for all science majors.

あの授業は、すべての理系専攻の学生にとって必修科目です。

Your research paper must include a good amount of **supporting material** and a list of sources.

論文には、十分な分量の裏付け資料と出典の一覧表を記載しなければなりません。

At the end of each semester, we ask all students to fill out a **faculty evaluation** form.

各学期末に、全学生に教授の授業評価票への記入をお願いします。

31 get (the) credits
単位を取る

- -

credit は「取得単位」を表す。get credits と言えば、一般的に「単位を取得する」ことを、get the credit(s) と the を付けると、「特定の授業の単位を取得する」ことを指す。263 のように get の代わりに earn もよく使われる。

32 have a load of...
大量の〜がある

- -

load は「分量、負荷、重荷」といった意味の語で、a load of... の形で「大量の〜」の意味を表す口語的な表現になる。

33 have a question
質問がある

- -

授業や試験などに関する文脈だけでなく、友人との日常会話の中で「聞きたいことがある」と言いたいときにも、この表現が使える。なお、例文中のoffice は、教授・教員に割り当てられた（主に）個室の「研究室」のこと。

34 raise one's hand
挙手する

- -

(Please) raise your hand. という命令形で用いられることが多い表現。この形を使って場の全員に呼び掛けるような場合でも、hand が複数形にならない点に注意。hands と複数形にすると「両手を挙げて」の意味になる。

35 take notes
メモを取る／ノートを取る

- -

この表現を基にした note taking（ノートを取ること、メモ取り）という名詞句もよく用いられる。ちなみに、memo という語はいわゆる「メモ」ではなく、「（職場などで使われる）回覧状、連絡票」を意味するので注意。

Many students choose to take extra classes at night and on the weekend to **get more credits**.

多くの学生が単位をさらに取得するために、夜間や週末に補講を受けるようにしています。

We've only had two classes, and we already **have a load of** writing assignments to do.

まだ授業を2回受けただけなのに、すでに大量のレポートの課題が出ています。

If you **have a question** about your test result, I will be in my office until 4 p.m.

試験結果について質問があれば、私は午後4時まで研究室にいます。

If you need to use the restroom during the exam, please **raise your hand** and don't speak.

試験中にトイレに行かなければならない場合は、手を挙げて、何も言わずに行ってください。

Be sure to **take precise notes** at all times, even if I do not write anything up on the board.

必ず、常に細かくノートを取ってください。私が黒板に何も書かなくてもです。

生物学の講義の導入

Hello, everyone. Please **take your seats**. Welcome to Biology 101. I've just **handed out** the syllabus and **supporting materials**. I will **take attendance** later on in the class. First, I'd like to **give you an overview of** the attendance policy.

Needless to say, it's important to **attend every class** and be on time. If you**'re late for class without notice**, it could affect your attendance record. If you**'re absent with** no valid reason, you will have to do a make-up assignment. In addition, if you **miss two or more classes**, you will end up with a **poor attendance** record and this could affect your grade. Finally, if you need to **leave class early**, please **raise your hand** and let me know before I **call the roll**.

We need to **follow the curriculum** strictly and in a timely manner, so try to give me **advance notice** if you can't **attend the class**. Then I can cover the lesson content with you individually and give you **supporting materials** during my office hours. Since this is not an **elective subject**, we have a **large attendance**, so it's important that everyone abide by the attendance policy.

訳 こんにちは、皆さん。着席してください。「初級生物学」の授業へようこそ。今、お配りしたのはシラバス（講義要項）とそれに関する資料です。のちほど、授業時間中に出席を取ります。まず、出席方針に関する概要をお話ししたいと思います。

言うまでもなく、毎回の授業に時間どおり出席することは重要です。授業に無断で遅刻すると、出席記録に影響します。正当な理由なく欠席した場合には、補習課題をやってもらうことになります。さらに、授業を2回以上欠席したら、最終的に出席率が低いと見なされ、成績に響く可能性があります。最後に、授業を早退する必要がある場合には、手を挙げて私が出席を取る前に知らせてください。

カリキュラムに従って忠実かつ適時に進める必要がありますので、授業に出席できない場合にはあらかじめ連絡するようにしてください。そうすれば、講義内容を個別に補足できますし、私のオフィスアワー中に関連資料を渡すことも可能です。この授業は選択科目ではないので、大勢の学生が授業に参加します。そのため、全員が出席方針に従うことが重要です。

キーフレーズをチェック！

take one's seat
席に着く／着席する → [14]

hand out...
〜を配る → [20]

supporting material
補助教材／関連資料 → [29]

take attendance
出席を取る → [13]

give someone an overview of...
〜の概要を説明する → [19]

attend a class
授業に出る → [3]

be late for class
授業に遅刻する → [5]

without notice
無断で／連絡なしに → [2]

be absent with...
〜が理由で欠席する → [4]

miss a class
授業を欠席する → [9]

poor attendance
出席率が低いこと → [10]

leave class early
授業を早退する → [8]

raise one's hand
挙手する → [34]

call the roll
出席 [出欠] を取る → [12]

follow a curriculum
カリキュラムに沿う → [18]

advance notice
事前通告／事前に知らせること → [1]

elective subject
選択科目 → [25]

large attendance
出席者が多いこと → [7]

Section 2

ディスカッション & ディベート

このセクションでは、留学先の大学での授業で必ず経験する学生同士での議論・討議の際に役立つ頻出キーフレーズを紹介します。

　特に英語圏の大学では、専攻分野を問わず、特定のテーマについて学生同士で意見を交わしたり、賛否に分かれて討議を行ったりする機会が多く設けられています。ある事柄について十分な知識を持ち、積極的に発言し、説得力のある議論を論理的に展開する力が求められていると言えるでしょう。そのためには、語句や表現を正確に使いこなす力が必要になります。

　ここでは、自分の意見や考えを述べる、問題点を指摘する、同意・反論する、論理的に話を展開する、といった場面で効果的に使える頻出キーフレーズとその使い方を見ていくことにしましょう。

会話やトークで役立つキーフレーズ

A: I strongly **approve of** increasing teachers' salaries. 先生たちは一生懸命働いているんだし、もっと高い給料をもらってもいいと思う。**As far as I know** from my research, 大学の収入ははるかに支出を上回っている。**With this in mind**, 経営側は何よりも教員組合と合意する方法を見つける努力をすべきです。

B: I'm all for helping teachers, but **all things considered**, 慎重になることが賢明だ。大学に今、十分なお金があるということでは君の言う通りだと思うけど、**the problem is that** student enrollment has been decreasing year after year. いったん給料を上げると、もとに戻すのはほとんど不可能だ。**In my opinion**, 大学は教員に今、少額のボーナスを支給するのがいいだろう。

photo: monkeybusinessimages/iStockphoto

36 agree with...

～に賛成する

- -

with の後には、人を表す語句または事柄を表す語句が続く。with の代わりに to も使えるが、その場合、to には事柄を表す語句しか続かない。

37 approve of...

～に賛成する／～を容認する

- -

approve は「正しいこととして受け入れる」という意味の語。approve of... は、「(当局や組織の上層部が) ～を承認する」という意味でもよく用いられる。

38 be all for...

～に大賛成だ／～を全面支持する

- -

前置詞 for には「～に賛成して」という意味がある。ここでは all が付くことで「全面的に」賛成であることが表されている。be completely against... と言えば、「～に大反対だ」という正反対の意味になる。

39 go along with...

～に賛成する／～に賛同する

- -

この表現は「～に付き従う」といった意味が元になっている。「(計画など) に賛同する、～を受け入れる」といったニュアンスで使われ、「～に協力する」という意味で用いられることもある。

40 in favor of...

～に賛成して／～を支持して

- -

favor に「利益、好都合」といった意味があることから、in favor of... は「～に有利に、～に都合のよいように」などの意味でも用いられる。

I **agree with** you when you say that politicians should be held accountable for their actions.	あなたの言うことに賛成です。政治家が自らの行動に説明責任を負うべきだという点で。
I do not **approve of** violence on TV shows, because it has a negative influence on children.	テレビ番組の暴力シーンは容認できません。子どもたちに悪影響を及ぼすものですから。
I **am all for** personal freedoms, but I don't understand why people need to own something as dangerous as a gun.	個人の自由には大賛成ですが、なぜ人が銃のような危険なものを所持する必要があるのか理解できません。
Our side cannot **go along with** the decision to allow assisted suicide.	私たちの側は、自殺ほう助を許す決定に賛成できません。
Most of us are **in favor of** the author's proposal regarding renewable energy.	私たちの大半が、再生可能エネルギーについての著者の提言に賛成しています。

41 reach an agreement

合意に達する

- -

同じ reach を使って reach a consensus と言っても同じ意味。また、come to an agreement という表現も同じ意味。

42 support the idea of...

～という考えを支持する／～という考えに賛成だ

- -

of の後には、idea の具体的な内容を表す語句が続く。idea の代わりに opinion を使っても、ほぼ同じ意味を表す。

43 divisive subject

意見が割れやすい問題

- -

divisive という形容詞は、「敵対させるような、争いの元になるような」といった否定的なニュアンスで使われることもある。subject の代わりに topic や issue を使うこともできる。

44 have a different view

異論がある／見解が違う

- -

この view は「見方、見解」の意味。view の代わりに opinion を使っても、ほぼ同じ意味を表すことができる。have a different view from... とすると「～と（は）見解が違う」という意味。

45 on the other hand

一方で

- -

もともと、On the one hand, ..., and/but on the other hand, ...（一方では～、もう一方では～）という呼応関係を持った表現の一部だが、今では on the other hand 単独でもよく使われる。but とともに用いられることも少なくない。

We must **reach an agreement** before the end of the class today.

私たちは、今日の授業が終わるまでに合意に至らなければなりません。

Do you **support the teacher's idea of** creating a shared notes folder to prepare for tests?

共有のメモフォルダーを作ってテストに備える、という先生の考えに賛成ですか。

Let's come up with a list of **divisive subjects** that we can debate in class.

授業で討論できる、意見を二分しそうな問題を挙げていきましょう。

It seems that you and I **have different views** on what "freedom of expression" truly means.

どうやら、あなたと私は「表現の自由」が本当は何を意味するかについて見解が異なるようです。

I believe in personal freedom for everyone, but **on the other hand**, I think there should be some limits.

あらゆる人に個人としての自由があると考えますが、一方で、ある程度の限界があってしかるべきだとも思います。

46 pros and cons
賛否／良い点と悪い点

---

pro は「賛成（票）、良い点」、con は「反対（票）、悪い点」という意味のラテン語由来の単語。ほとんどの場合、pros and cons の形でセットで用いられる。

47 the polar opposite of...
〜の正反対／〜の対極

---

polar は、北極・南極などの「極（地）の」という意味を表す形容詞で、このように比喩的に「対極にある」といった意味を表すことがある。この表現では、必ず定冠詞 the が用いられる。

48 diverse opinions
さまざまな意見

---

diverse は「さまざまな、それぞれに異なる」という意味の形容詞。different opinions や various opinions と言っても、ほぼ同じ意味を表すことができる。

49 draw a conclusion
結論を出す

---

draw a conclusion は決まったコロケーションなので、この形で丸ごと覚えるとよい。draw の代わりに make を使うこともできる。また、自動詞conclude1 語で言い換えることも可能。

50 figure out...
〜だとわかる／〜だと判断する

---

figure out... は、他にも「〜を解き明かす、〜に見当をつける、〜を算定する」など、さまざまな意味で使われる頻出表現。

We should think about the **pros and cons** of this legislation, instead of supporting it blindly.

私たちは、この法案をやみくもに支持するのではなく、その良い点と悪い点をよく考えるべきです。

His political views are **the polar opposite of** mine, but we might actually agree on this issue.

彼の政治的な見解は私の考えと対極にありますが、この問題については実際、合意できるかもしれません。

Try to speak up in this discussion, even if you are not a native speaker, because we want to hear **diverse opinions**.

このディスカッションでは遠慮なくはっきりと意見を述べてください、たとえネイティブスピーカーでなくともです。さまざまな意見を聞きたいからです。

It is difficult to **draw a conclusion** about this, since there is little information available.

これについて結論を出すのは難しいですね、ほとんど情報がありませんから。

I haven't **figured out** whose side I'm on, since both arguments are quite convincing.

自分が誰の側にくみするかを判断しかねています、どちらの議論にもかなり説得力がありますので。

51　get off the track

本題から外れる／脱線する

---

get off track と、the のない形でも使われる。track は「（鉄道の）線路」の意味で、比喩的に使われている。日本語の「脱線する」と同じ発想。他に、go off course や go off the topic などの表現が使われることもある。

52　give one's opinion

意見を述べる

---

give の代わりに express や state などを使っても、ほぼ同じ意味を表すことができる。例文中の in a respectful manner は「ていねいなやり方で」の意味。

53　go around in circles

（議論などが）堂々巡りする

「円状に何度も回る」が原義。必ず「（議論などを行う）人」が主語に立つ点に注意したい。

54　lively discussion

活発な議論

---

lively は、語尾が -ly だが形容詞。lively の代わりに animated、spirited などの語を用いても、ほぼ同じ意味。例文の could は「やろうと思えばできる」の意味の仮定法過去で、「できた」という過去を表しているわけではない。

55　make sense to...

〜に理解できる

この to の後には、人を表す語句を続けるのが普通。That makes sense.（なるほど、それならわかる）のように、to... を付けずに用いることも多い。

Try not to **get off the track**. Try to stay on topic until the time runs out.

本題からそれないようにしてください。時間が来るまで本題にとどまるようにしましょう

Give your opinion in a clear and respectful manner.

自分の意見をクラスの皆に、はっきりと丁寧に述べてください。

You are **going around in circles**, because you do not have a convincing argument.

あなたたちは堂々巡りしているのは、説得力のある議論をしていないからです。

Our club had a **lively discussion** about how the new immigration laws could change the country.

私たちのクラブでは、新たな移民法がどのように国を変え得るかについて活発な議論を交わしました。

It **makes sense to** me to restart our discussion from the beginning, rather than continue down this path.

私には、議論を最初からやり直すほうがこのまま話を続けるよりも理にかなっているように思えます。

56 organize one's thoughts

頭を整理する／考えをまとめる

----

thoughts とは「考え」のことで、多くの場合、複数形で用いられる。この表現では、thoughts の代わりに thinking や ideas を使うこともできる。

57 please note that...

念頭に置くべきなのは〜／〜を覚えておいてください／〜に注意してください

親しい相手と話すときには please を付けなくてもよい。この note は「〜に留意する、〜を覚えておく」の意味の動詞。

58 point of view

視点／観点

----

from one's point of view の形で用いると、in one's view や in one's opinion とほぼ同じ「〜の考えでは」の意味。from an academic point of view（学術的な観点から言うと）のように、one's の代わりに形容詞も使える。

59 refrain from...

〜を控える／〜をやめる

この表現では、例文のように、from の後に動名詞が続くことが非常に多い点を押さえておくとよい。ちなみに、例文中の argument は、「議論、討論」の他に「口げんか、口論」の意味で用いられることも多いので注意。

60 the problem is that...

問題は〜ということだ

通例、that 節を導く that は省略可能だが、この表現の that はあまり省略されない。また、この表現においては、the problem と必ず定冠詞 the が用いられる。

You asked a difficult question, so let me **organize my thoughts** before responding.

いただいたご質問は難しいので、お答えする前に頭を整理させてください。

Please note that their data is much older than ours, so their argument is less relevant.

彼らのデータが私たちのものよりもずっと古い、という点に注意してください。したがって、彼らの主張はあまり適切ではないのです。

Because we all come from different countries and backgrounds, we should try to consider everyone's **point of view**.

私たちは皆、さまざまな出身国や経歴の持ち主なので、各人のものの見方に配慮するようにすべきです。

Even though this is an argument, you should **refrain from** yelling.

ここは議論の場ではありますが、怒鳴るのは控えたほうがいいでしょう。

I agree with your intentions and the background you gave, but **the problem is that** your plan isn't very realistic.

あなたの意図や、話してくれた事情はよくわかりますが、問題はあなたの計画があまり現実的ではないということです。

61 all things considered, ...

すべてを考慮に入れると

文法的には、things と considered の間に being が省略された分詞構文である。considering everything, ... と言っても、ほぼ同じ意味を表すことができる。

62 as far as I know, ...

私が知る限り／私が見る限り

as far as... は「〜の限り」という意味の、物事の範囲を限定する表現。as far as I know, ... は、as far as I can tell, ... と言い換えることもできる。

63 as far as one is concerned, ...

〜に関する限り／〜の考えとしては

意見や考えの主体を限定するときに使う表現。なお、例文中の open-book test [exam] は「教科書や文献の持ち込みが許される試験」、defeat the purpose of... は「〜の目的にそぐわない」という意味。

64 in one's opinion

〜の考えでは

in my opinion（私の考えでは）の形は、自分の意見を述べるときに大変よく使われる。この表現と I think...（〜だと思う）を同じ文の中で併用するのは重複表現となるので避けたい。

65 in one's view

〜の考えでは

in one's opinion とほぼ同じように使えるが、どちらかというと in one's view のほうが、自分の意見ではなく他者の意見を伝える（つまり one's が his や her などになる）ときによく用いられる。

All things considered, you could say they won the war, since the area was returned to its original residents.

すべてを考慮すれば、彼らは戦いに勝ったと言えるかもしれません。その地域が本来の居住者たちのもとに戻ったのですから。

As far as I know, the other side has never managed to answer that question completely.

私が見る限り、相手側がその質問にきちんと答えられたことは一度もありません。

As far as we are concerned, taking an open-book test defeats the purpose of learning.

私たちの考えでは、教科書持ち込み可の試験を受けるというのは、学習の目的を阻害します。

In my opinion, we should have at least half an hour to eat lunch, and another half hour to go to and from the cafeteria.

私の考えでは、昼食を取るのに少なくとも30分、そしてカフェテリアに行って戻ってくるのにあと30分必要です。

The causes of the student protest, **in her view,** were the high cost of tuition and the difficulty of the final exams.

学生たちが抗議した理由は、彼女の考えによると、授業料が高かったことと期末試験が難しかったことです。

66 to summarize
要約すると

このような to 不定詞の使い方は「独立不定詞」と呼ばれ、文全体を修飾する副詞句の役割を担っている。summarize の代わりに sum up という表現を用い、to sum up と言っても同じ意味を表す。to sum up のほうが口語的な表現。

67 with this in mind
このことを念頭に

----

in mind で「考慮して、念頭に置いて」という意味を表す。keeping this in mind や bearing this in mind も、ほぼ同じ意味を表す。

68 above all
とりわけ／何よりも

いくつかの要素を並べ、その中で最も強調したい事柄を導くために使うフレーズ。例文のように、and と共に用いられる傾向がある。most of all とも言える。

69 as a whole
全体として／全般的に

「全体として（は）」という意味の表現で、例文にあるように、細部については別の見解がある、といった含みで使われることが少なくない。in general、in total、overall なども同様の意味で使える。

70 in spite of...
〜にもかかわらず／〜ではあるが

----

despite という 1 語で言い換えることもできる。despite は前置詞なので、in spite of... と同様に、名詞・名詞相当語句が続く。

To summarize, we should have the freedom to live peacefully.

要約すれば、私たちには平和に暮らす自由がある、ということです。

The period ends at 4:00, so **with this in mind**, let's wrap up the discussion in the next ten minutes.

持ち時間が4時で終わるので、これを念頭に、議論をあと数分でまとめるようにしましょう。

Overeating and a lack of exercise cause obesity and, **above all**, can lead to serious medical problems.

食べ過ぎと運動不足は肥満を引き起こし、何よりも、深刻な疾病につながります。

It seems like a good system when viewed **as a whole**, but there are some things that need improvement.

総じて見れば良い仕組みに思えますが、いくつか改善が必要な点があります。

In spite of the recent rail accident, we still believe trains are safer than cars.

最近、鉄道の事故がありましたが、私たちは依然として列車のほうが車よりも安全だと考えています。

教員の給与についてのディベート A：女子学生　B：男子学生　C：教員

A: I strongly **approve of** increasing teachers' salaries. Teachers work hard and I think they deserve higher salaries. **As far as I know** from my research, the university's income is far greater than its expenditure. **With this in mind**, I think the administration should **above all** try to **figure out** a way to **reach an agreement** with the teachers' union.

B: I'm **all for** helping teachers, but **all things considered**, it makes sense to be cautious. I **agree with** you that the university has enough money right now, but **the problem is that** student enrollment has been decreasing year after year. Once salaries are increased, it's almost impossible to go back. **In my opinion**, they should give teachers a small bonus this year. I would be **in favor of** giving bonuses of between two hundred and five hundred dollars.

A: How could you suggest such an idea? **In my view**, that's just brushing the problem aside. Two hundred dollars is a joke. **The problem is that** people like you have no sense of empathy.

C: Well, this is a **lively discussion**! I appreciate that you have **diverse opinions**, but **please note that** personal attacks are not acceptable. I'd like to ask you to **refrain from** using such language.

A: 私は先生たちの給料の引き上げに大賛成です。先生たちは一生懸命働いているんだし、もっと高い給料をもらってもいいと思う。調査の結果、私の知る限りでは、大学の収入ははるかに支出を上回っている。このことを考えると、経営側は何よりも教員組合と合意する方法を見つる努力をすべきです。

B: 僕は先生たちを全面的に応援するけど、すべてを考慮に入れると、慎重になることが賢明だ。大学に今、十分なお金があるということでは君の言う通りだと思うけど、問題は入学する学生数が年々減ってきていることだ。いったん給料を上げると、もとに戻すのはほとんど不可能だ。僕の考えでは、大学は教員に今年、少額のボーナスを支給するのがいいだろうね。200 ドルから500 ドルのボーナスを支給するなら僕は賛成だよ。

A: よくそんな提案ができるわね。私が思うに、それじゃあ問題から目をそらしているに過ぎないわ。200 ドルなんてお笑いぐさだわ。問題は、あなたのような人たちには他の人の気持ちがわからないことね。

C: まあ、なかなか活発な議論だね！ さまざまな意見が出るのは素晴らしいことだけど、個人攻撃は駄目だってことは覚えておいてほしい。そういう口の利き方は慎むように頼むよ。

キーフレーズをチェック！

approve of...
〜に賛成する → [37]

as far as I know, ...
私が知る限り → [62]

with this in mind
このことを念頭に → [67]

above all
何よりも → [68]

figure out...
〜だとわかる → [50]

reach an agreement
合意に達する → [41]

be all for...
〜を全面支持する → [38]

all things considered, ...
すべてを考慮に入れると → [61]

agree with...
〜に賛成する → [36]

the problem is that...
問題は〜ということだ → [60]

in one's opinion
〜の考えでは → [64]

in favor of...
〜に賛成して → [40]

in one's view
〜の考えでは → [65]

lively discussion
活発な議論 → [54]

diverse opinions
さまざまな意見 → [48]

please note that...
念頭に置くべきなのは〜 → [57]

refrain from...
〜を控える → [59]

Section 3

プレゼンテーション

このセクションでは、授業で与えられた課題や、調査・研究・実験などの成果を人前で発表するときに役立つ頻出キーフレーズを紹介します。

　研究や調査などの結果について、人前でプレゼンテーションを行う機会は、大学在学中や留学中だけでなく、社会に出てからもよくあるでしょう。プレゼンで求められるのは、わかりやすく話を進め、まとめる力、スライドなどの視覚要素を絡めた訴求力のある話を展開いく能力、そして、人前で臆せず自信を持って話せる度胸といったことでしょう。これらを支えるのが、的確に言葉を使いこなせる力であることは言うまでもありません。

　ここでは、相手の注意や興味を引きつけながら話を組み立て、わかりやすく展開させ、上手にまとめる、といったプレゼンの一連の流れを作る英語表現を中心に、コミュニケーションの場においてリーダーシップを取る上で役に立つキーフレーズと、その使い方を見ていきましょう。

会話やトークで役立つキーフレーズ

こんにちは。私たちグループ A は、we're **giving a presentation** about entrepreneurship. **First of all**, if **people in the back** can't hear, 教えてください。

最初に、起業家ジョン・ニューマンの例を取り上げたいと思います。彼が 1990 年に立ち上げた IT 企業は、大きな成功を収めました。Let me **draw your attention to** this first slide, これは、ニューマンの最初の事業計画書の写真です。ご覧のとおり、レストランのナプキンに書かれていました。**Take a closer look at** how clear this plan is. これに比べると、多くの事業計画書は複雑過ぎて、容易には理解できません。

このあとはエラに話してもらいます、who will **elaborate on** this.

photo: AdamGregor/iStockphoto

49

71 be seated

着席する

sit down や have a seat とほぼ同じ意味で用いられる。Please be seated. は「着席してください、座ってください」の意味の決まり文句のひとつ。

72 circulate a handout

資料を回覧する

circulate の代わりに pass out/along... という形を用いることもできる。handout は「配布物、資料」という意味の名詞で、「〜を配る」の意味の動詞句 hand out... から派生した語。

73 give a presentation

プレゼンテーションをする／発表を行う

この give の代わりに have や make を用いることもできるが、give を使うと「発表する相手」をより強く意識したニュアンスが加わる。

74 people in the back

後ろのほうにいる人たち

in the back の the back は、教室や会場の「後方」のことを指す。in the front なら「前方に」、in the middle なら「中程に」の意味。

75 at the beginning of...

〜の最初に

At the beginning of this presentation, I'd like to share some interesting information with you.（この発表の最初に、皆さんに興味深い情報をお伝えします）のように、話の流れを作る表現として用いることもできる。

After you enter the auditorium and leave your belongings at the counter, please wait to **be seated** by the venue staff.	講堂に入ってカウンターに荷物を置いたら、会場の係員が席へ案内するまでお待ちください。
It may seem confusing at first, so I will **circulate a handout** that explains the concept clearly.	最初はわかりにくく思われるかもしれませんので、コンセプトをはっきり説明した資料を回覧します。
For our final assignment we have to **give a presentation**, so we should practice together a few times to make sure it goes well.	最後の課題として、私たちは発表を行わなければならないので、必ずうまくいくように何度か一緒に練習したほうがよいでしょう。
You should speak louder to make it easier for **people in the back** to hear.	後ろのほうの人たちが聞き取りやすいように、もっと大きな声で話したほうがいいですよ。
You can find a list of the books we referenced **at the beginning of** the handout you received.	参考文献の一覧は、お手元の資料の最初にあります。

76 first of all

まず／最初に

何かの冒頭で話を切り出すときに幅広く使える表現。また、複数の事柄を列挙するとき、文字どおりそのうちの「ひとつ目」を述べるときにも使える。

77 first off

まず／最初に

first of all よりもやや口語的な切り出し文句。first of all のように、項目を列挙するときに使われることはあまりない。

78 get started

始める

get started は、単に start と言うよりも口語的に響く表現。例文のように get started with... の形をとると「〜を始める」という意味になる。

79 to begin with

初めに

これも、話を切り出すときの表現としてよく用いられる。begin の代わりに start を用いた to start with も同様の意味。

80 to start things off

まずは／手始めに

話を切り出すときの表現というよりも、最初にやるべきこと、やろうとしていることを言い出すときの表現。start things off with [by] ... なら、「手始めに〜する」の意味。

First of all, I would like to thank everyone for taking the time to come here.

まず、わざわざここへお越しいただいた皆さんにお礼を申し上げたいと思います。

First off, I'd like to apologize to you for the delay in the start of this talk.

最初に、この発表の開始が遅れましたことをおわびしたいと思います。

I'd like to **get started** with the presentation, but perhaps we should wait until everyone is here.

プレゼンを始めたいと思いますが、どうやら全員がそろうまで待ったほうがよさそうですね。

To begin with, I'd like to talk about the current economic situations of some countries in the Middle East.

初めに、中東数カ国の経済の現状についてお話ししたいと思います。

To start things off, let's introduce ourselves one by one.

まずは、ひとりずつ、自己紹介をしていきましょう。

81 account for...

～を説明する／～の割合を占める

Immigrants account for over 15 percent of the population of this state.（移民がこの州の人口の 15 パーセント以上を占めている）のように、統計値などに言及するときにも使える表現。

82 draw someone's attention to...

～の注意を……に引きつける

draw の代わりに attract や raise を使うこともできる。

83 elaborate on...

～について詳しく述べる

この elaborate は「詳細に述べる、詳述する」という意味の自動詞だが、on を省いて他動詞として用いることもできる。また、elaborate は「精緻な、複雑な」の意味の形容詞としても使われる。

84 for more details

詳細について（は）

more details とは「さらなる詳細」の意味。この for は獲得目標（手に入れたい物・事柄）を表すもので、turn on the TV for the news（ニュースを見ようとテレビをつける）のような場合と同じ使い方。

85 in comparison with...

～に対して／～と比べて

with の代わりに to を用いても、ほぼ同じ意味。in comparison with... は compared with [to] ... と言い換えることもできる。

In our next experiment, we will try to **account for** the difference in temperatures.

次の実験では、私たちは温度による違いの解明を試みるつもりです。

I would like to **draw your attention to** Figure 5 on this slide, as it clearly explains the point.

このスライドの図5にご注目いただきたいと思います、これがポイントを明確に表していますので。

I'll **elaborate on** the reasons we picked Germany as the first example of this type of social system.

なぜドイツをこの種の社会制度の最初の例に選んだかを、詳しく説明します。

If you have any more questions about the presentation, you can contact me or any other group members **for more details**.

この発表についてさらに質問があれば、私かグループの他のメンバーに連絡して、詳細を尋ねてください。

As you can see from this slide, the inland areas have high temperatures **in comparison with** the coastal areas.

このスライドでわかるとおり、内陸部は沿岸部と比べて気温が高いのです。

86 in contrast to...

〜に対して／〜と対照的に

物事が何かと反対・逆であることを表すフレーズ。as contrasted with... あるいは as opposed to... などと言い換えることもできる。

87 refer to...

〜を参照する

この to の後には、書物や資料（のページ）、ウェブサイトといった「情報源」を表す語句が続く。

88 take a closer look at...

〜 を詳しく見る

take a look at...（〜を見る、〜に目を向ける）というフレーズが基になっている。比較級の closer ではなく take a close look と原級の close が用いられることもあるが、意味はほぼ同じ。

89 take up the main subject

本題に入る

同じ意味で、他にも come to the (main) point、get into the main issue、go to the (main) point など、さまざまな言い方がある。

90 to say nothing of...

〜は言うまでもなく

not to mention of... あるいは let alone... と言っても、ほぼ同じ意味を表すことができる。let alone はやや硬い、書き言葉でよく使われる表現。

In contrast to the diet in the southern part of the country, the diet in the north includes almost no fish.

国の南部の食生活とは対照的に、北部の食生活にはほとんど魚介類が含まれません。

Please refer to the following page for more details.

より詳しいことは次のページを参照してください。

Now we will take a closer look at business conditions in each region.

では、各地域の事業の状況を詳しく見ていきましょう。

I would like to talk about the general history of economics before taking up the main subject.

本題に入る前に、経済学の全般的な歴史についてお話ししたいと思います。

This sort of plan would be difficult for the United States to pull off, to say nothing of smaller countries.

この種の政策を成功させるのは、小国は言うに及ばず、アメリカであっても難しいでしょう。

91 feel free to do

自由に～する／遠慮なく～する

- -

例文のように、人に呼び掛ける形でこの表現を使うときには please を付ける傾向がある。代わりに don't hesitate to do という表現も使える。

92 after that

次に／続いて

- -

この that は、直前に述べた事柄を指す。following that、(and) then、(and) next などで言い換えることもできる。

93 go ahead

進める／進む

- -

例文のように to を付けて、「進む（進める）先」を示すことができる。Go ahead.（さあ、どうぞ）は、人に話の先を促したり、相手に許可を与えたりするときによく用いられる。

94 go on to...

～へ進む

- -

on には「続ける」というニュアンスがあるので、go on to... は「このまま～へ向かって続ける」といった意味合いの表現。

95 hand over to...

～に発言を引き継ぐ／～に話の続きを任せる

- -

hand over とは「手渡す、譲り渡す」といった意味のフレーズで、hand over to... が物理的に「～を手渡す」という意味で使われることもある。

We have some more time, so please **feel free to ask** questions about our presentation.

まだ時間がありますので、私たちの発表について自由に質問してください。

After that, we will go over the history of Tokyo, Osaka and Kobe during the early postwar era.

続いて、戦後初期の東京、大阪、神戸の歴史を見ていきます。

Go ahead to the third slide, which focuses on the use of robotics in modern factories.

3つ目のスライドへ進んでください。ここでは、現代の工場におけるロボット工学の利用に注目します。

I think we should **go on to** the next topic, as we really don't have a lot of time.

次の話題へ進んだほうがいいと思います、あまり時間がありませんので。

Sana wants to answer your question, so I'd like to **hand over to** her.

サナがあなたの質問にお答えしたいと言っていますので、彼女に発言を譲りたいと思います。

96 move on to...
〜へ移る

話題を変えるときのキーフレーズ。Let's move on to the next topic.（次の話題へ移りましょう）のように、let's とともに使われることも少なくない。

97 now that...
今や〜なので

理由や根拠を導く接続詞としての役割を担うフレーズ。that の後には、必ず物事の現状を表す節が続く。

98 at the end of...
〜の最後に

この表現も at the beginning of... と同様に、話の流れを作るものとしても使える。その場合は、話を締めくくるときに使う。

99 it follows that...
〜という結果になる

この follow は「（結果として）〜の後に続く」つまり「〜という結果になる」という意味。it は that 以下の節の内容を指している。

100 last but not least
最後になりましたが

スピーチや発表などの最後を締めくくる決まり文句として、大変よく使われるフレーズ。「最後だからといって重要性が最も低いわけではなく」、つまり「最後にはなったが他のことと同じくらい重要で」という意味。

I've been talking about poverty as a social problem. Now, I'd like to **move on to** the next topic.

ここまでは社会問題としての貧困について話してきました。では、次の話題へ移りたいと思います。

Now that the language has died out, there is no one who remembers what it sounded like.

今やその言語は使われなくなっているので、誰もどのような発音だったのか覚えていません。

At the end of this presentation, we will cover possible future trends for our research.

この発表の最後に、私たちの研究内容に関して起こり得る将来の動向ついてお話しします。

From this evidence, **it follows that** he is not the criminal, so we will look into alternative possibilities.

この証拠から、彼は犯罪者ではないということになるので、私たちは別の可能性を検討することになります。

Last but not least, thank you for listening to my presentation.

最後になりましたが、私の発表をお聞きいただいたことにお礼を申し上げます。

101 run out of time

時間がなくなる

- -

「（人の）時間がなくなる」という意味で、主語が人である点に注意。time を主語に置き time runs out（時間がなくなる）とも言える。こちらは通例、Time is running out.（時間がなくなってきている）のように進行形で用いられる。

102 sum up...

〜をまとめる／〜を要約する

- -

sum up... はもともと「〜（数値、金額など）を合計する」という意味で用いられるフレーズだが、このように「〜（話）をまとめる、〜を要約する」の意味でもよく使われる。

103 wrap up...

〜をまとめる／〜を終える

- -

wrap は「〜を包む」という意味の動詞。wrap up... で「〜を包み上げる、〜をすっかりくるんでしまう」といった意味になり、そこから「〜を仕上げる」や「〜を終える」といった意味が出たと考えられる。

104 take questions

質問を受ける／質問を受け付ける

- -

発表などの場で、聴衆からの「質問を受け付ける」ことを表すフレーズ。take の代わりに receive を使うと、聴衆などから「質問される」といった意味合いに変わる。

105 That's it [all] for today.

今日はここまでです。

- -

That's it. は「以上です、これで終わりです」の意味の締めくくりの言葉。That's it for now. なら「とりあえず（今のところは）以上です」という意味。it の代わりに all を使うと、よりフォーマルな表現になる。

The schedule is followed strictly, so we should be careful not to **run out of time**.

スケジュール厳守なので、時間がなくならないように注意したほうがいいですね。

To **sum up** the contents of my presentation, I'd like to show you this graph.

私の発表内容をまとめるために、このグラフをお見せしたいと思います。

I'll **wrap up** my talk now, as it's time to hear from our guest speaker.

私の話はこのあたりで終わりにしましょう、お招きしている講演者のお話を聞く時間です。

We will **take questions** from the audience, starting by the door and going clockwise.

皆さんからの質問を、ドアの近くから時計回りに聞いていきます。

That's it for today. Please let us know if you have any questions or opinions about our presentation.

本日はここまでです。私たちの発表についてご質問やご意見があれば、お知らせください。

グループ発表 A：女子学生　B：男子学生

A: Hello. We are Group A, and we're **giving a presentation** about entrepreneurship. **First of all**, if **people in the back** can't hear, please let me know. We would like to start things off with a case study of an entrepreneur, John Newman. He started up a very successful IT company in the 1990s. Let me **draw your attention to** this first slide, which is a photo of Newman's first business plan. As you see, it was written on a restaurant napkin. **Take a closer look at** how clear this plan is. In contrast, many business plans are too complicated to understand easily. I will now hand the talk over to Ella, who will **elaborate on this**.

B: **First off**, we have **circulated a handout** with a more detailed version of Newman's business plan. **In comparison with** the napkin version, it has a concrete timeline for development of the business. After you look at it, we will **take questions** and comments about your first impressions **at the end of** the presentation. ... All right, we've **run out of time**, so let's **wrap up** the questions. Thank you for listening.

訳 A: こんにちは。私たちグループＡは、起業家精神について発表します。まず、後ろのほうで（私の声がよく）聞こえない方がいたら、教えてください。最初に、起業家ジョン・ニューマンの例を取り上げたいと思います。彼が1990年に立ち上げたIT企業は、大きな成功を収めました。この最初のスライドに注目してください。これは、ニューマンの最初の事業計画書の写真です。ご覧のとおり、レストランのナプキンに書かれていました。よく見てください、この計画書はとても明快なものです。これに比べると、多くの事業計画書は複雑過ぎて、容易には理解できません。このあとはエラに話してもらいます。彼女がこのことについて詳しく話してくれるでしょう。

B: 最初に、ニューマンの事業計画をより詳細に示したものをお配りしました。ナプキンに書かれたものに対して、こちらには事業展開の具体的なスケジュールが書かれています。これを見ていただいてから、みなさんの第一印象について、この発表の最後に質問や意見を伺うつもりです。……それでは、時間がなくなってきたので、ご質問を受け付けるのはここまでにします。ご清聴、ありがとうございました。

✂ **キーフレーズをチェック！**

give a presentation
発表を行う → [73]

first of all
最初に → [76]

people in the back
後ろのほうにいる人たち → [74]

draw someone's attention to...
〜の注意を……に引きつける → [82]

take a closer look at...
〜 を詳しく見る → [88]

elaborate on...
〜について詳しく述べる → [83]

first off
最初に → [77]

circulate a handout
資料を回覧する → [72]

in comparison with...
〜に対して → [85]

take questions
質問を受ける → [104]

at the end of...
〜の最後に → [98]

run out of time
時間がなくなる → [101]

wrap up...
〜を終える → [103]

Section 4

グループワーク & ロールプレー

このセクションでは、他の学生たちとチームを組んで共同で課題に取り組んだり、授業で設定された自分の役割を果たしたりするときに役立つ頻出キーフレーズを紹介します。

　実社会では、チームを組んでプロジェクトが運営されたり、その中で各自が与えられた役割をこなすことを求められたりすることはよくあります。大学の授業でも、そうした状況を念頭に、さまざまな課題にチームで取り組むことがよく求められます。そして、そのようなグループワークやロールプレーを成功させるには、ふだんにも増して、言葉によるコミュニケーションが重要な役割を担うことになります。

　ここでは、複数の学生がチームを組んで課題や作業に取り組む際に鍵となる、さまざまな問題や方法論、行動、活動内容などを表すキーフレーズを取り上げ、その使いどころや使い方のポイントを見ていくことにします。

会話やトークで役立つキーフレーズ

さて、now that you have **broken up into groups**, この共同課題に取り組める状況になりましたね。Each group **is responsible for** preparing, and 今月末までに研究発表をする準備をしてください。

どのようなテーマを選ぶかという点と、各人が何に責任を持つかという点で、you will need to **reach a consensus**. 鍵となるのは、one person to take a leadership role to help **build a team**, and 各メンバーの責任を判断することです。

詳細については、配布した資料一式の中で大まかに示した手順に従ってください。If you pursue these goals **in cooperation with** one another, **help each other** and **follow the rules**, 課題を問題なくこなせるはずです。

photo: zoranm/iStockphoto

106 ask for help

協力を求める

- -

ask for... は「〜を求める」という意味を表す。help の代わりに support を使うこともできる。また、ask の代わりに request も使える。

107 break up into groups

グループに分かれる

- -

break (up) into... にはさまざまな意味がある。この場合は「分かれて〜になる」という意味を表すが、他に「急に〜の状態になる、〜（話など）に割り込む、〜に押し入る」など、ネガティブな意味で使われることもある。

108 build a team

チームを作る／チームを組む

- -

build の代わりに assemble や form を用いても、ほぼ同じ意味。また、team を動詞として使い、team up（チームを組む）と言うこともできる。

109 collective responsibility

連帯責任／共同責任

- -

collective の代わりに associate や joint を用いることもできる。team responsibility と言っても、ほぼ同じ意味。assume collective responsibility と言えば「連帯責任を負う」の意味。

110 common issue

共通の課題／共通する問題

- -

issue の代わりに problem や challenge も使える。challenge を用いると、「克服が困難な課題、克服のしがいがある課題」といったニュアンスが加味される。

I **asked for help** interviewing tourists for our group project, which is about popular sightseeing spots.

人気のある観光地についてのグループプロジェクトのために、観光客にインタビューの協力を求めました。

The first step was for students to **break up into groups** to decide which idea they wanted to work on.

最初の手順として、学生たちはグループに分かれて、自分たちがどのテーマに取り組むかを決めました。

We've **built a good debate team** over the course of the semester.

私たちは、今学期を通じて良いディベートチームを作り上げてきました。

If anyone is late or absent without permission, it will be the **collective responsibility** of the whole group.

誰かが無断で遅刻や欠席をした場合、グループ全体の連帯責任になります。

Global warming is a **common issue** of great importance for people throughout the world.

地球温暖化は、世界中の人にとって大変重要な共通課題です。

111 have a meeting

打ち合わせをする

このフレーズは、職場やビジネスの場面で「会議を開く」の意味で用いられることもあるが、それほど堅苦しくない「会って [集まって] 話す」程度のニュアンスでもよく使われる。

112 help each other

助け合う

help each other は cooperate（協力する、協働する）という 1 語で言い換えることもできる。また、help を名詞として用いて give each other help と言ってもほぼ同じ意味。

113 in cooperation with...

〜と協力して／〜と共同で

cooperation（協力、協働）の代わりに、類似の意味を持つ collaboration や coordination などを用いることもできる。状況によっては with help from...（〜の協力を得て、〜の助けを借りて）も使える。

114 join a group

グループに加わる

join の代わりに participate in... や take part in... などもよく用いられる。

115 listen to others

人の話に耳を傾ける／人の言うことを聞く

この others は「他の人たち、自分以外の人たち」という意味で、someone else や other people などと言い換えることもできる。

To perfect our role-play, we **had a meeting** every day in the two weeks leading up to the final presentation.

私たちの役割分担を完璧にするために、最後の発表までの2週間、毎日打ち合わせをしました。

You should **help each other** to make this group work a success.

このグループワークを成功させるには、君たちは協力し合うべきですよ。

This group assignment was done **in cooperation with** students from other classes.

このグループワークは、他のクラスの学生たちと共同で完成しました。

A new student will **join the group,** so please welcome him.

新たな学生が加わってくれますので、彼を歓迎してあげてください。

In communication, it is important not only to speak, but also to **listen to others.**

コミュニケーションにおいては、話すことだけでなく人の言うことに耳を傾けることも重要です。

116 manage a team

チームを切り盛りする／集団をコントロールする

この manage は、control や lead、run などの動詞で言い換えることも可能だ。team management（チームの切り盛り）という名詞句も併せて覚えておくとよい。

117 reach a consensus

意見の一致を見る

------

consensus の代わりに accord または agreement を用いてもほぼ同じ意味を表す。

118 share in...

〜を分かち合う

例文にあるように、share in A with B（A を B と分かち合う）の形で用いられることの多いフレーズ。

119 have common problems

共通の問題を抱える

------

problems の代わりに issues も使える。

120 tackle A together with B

B と共に A に取り組む

------

tackle の代わりに、address や deal with... などを使うこともできる。tackle の目的語には、たいてい例文のように problem や issue などの「問題」を表す語句が用いられる。

He is a trusted leader who has **managed his team** very successfully.

彼は信頼の置けるリーダーで、自分のチームを切り盛りして大きな成功へ導きました。

The group members discussed the proposed change over and over, but didn't manage to **reach a consensus**.

グループのメンバーは提案された変更について繰り返し話し合いましたが、どうしても合意に至りませんでした。

They have overcome many challenges in debating competitions, **sharing in** both success and disappointment with their teammates.

彼らはディベートコンテストでたくさんの課題を克服しながら、成功と落胆の両方をチームメートと分かち合いました。

Developing countries around the world **have common problems** related to domestic industry development.

世界中の発展途上国が抱える共通の問題は、自国の産業の発展に関わるものです。

The NGO is **tackling** the problem **together with** some college volunteer groups.

その NGO は、いくつかの大学のボランティア団体と共に問題に取り組んでいます。

121 work together

一致協力する／一丸となって取り組む

- -

動詞 work は、意味の守備範囲が広い単語だ。ここでは「努力して力を出す」といった抽象性の高い意味で用いられている。

122 be responsible for...

～に責任を持つ

- -

responsible の名詞形である responsibility（責任）を使って have [take] responsibility for... と言っても、ほぼ同じ意味。また、be responsible for... は「～の原因である」という意味でも用いられる。

123 be split on...

～について意見が割れる

- -

この split は「割れた、分裂した」という意味の形容詞。split の代わりに divided を用いることもできる。

124 follow the rules

規則に従う

- -

rules の代わりに regulations を用いることもできるが、その場合、「規則」が明文化されているなど、より公式な印象を与える。

125 show one's leadership skills

リーダーシップを発揮する

- -

show の代わりに display を用いることもできる。また、フレーズ全体を exercise leadership、あるいは take the leadership といってもほぼ同じ意味。

When doing group work, it's important to involve all the members and **work together** as equals.	グループワークを行う上で重要なのは、全員が参加して、一致協力することです。
In the role-play activity, everyone should **be responsible for** their own role.	ロールプレー活動では、誰もが自分の役割に責任を持たなければなりません。
The four debate groups **were split on** whether the upcoming tax increase was good or bad.	4つのディベートグループで意見が割れたのは、もうすぐ始まる増税の善しあしに関してでした。
If you do not **follow the rules** of our group work assignment, points will be deducted for every member.	この授業のグループワークの課題に関する決まりに従わなければ、グループの全員が減点されることになります。
The representative of our group **showed his leadership skills** when the discussion began to stagnate, motivating everyone to push forward.	うちのグループの代表者は、議論が停滞気味になると、リーダーシップを発揮してみんなを促し、話し合いを前に進めました。

126 solve a problem

問題を解決する

- -

「問題を解決する」の意味で最もよく用いられるのがこのフレーズだが、他にも fix a problem、sort out a problem、straighten out a problem など、さまざまな類義表現がある。

127 work on...

～に取り組む／～を解決する

- -

この表現は、He should work on his attitude.（彼は態度を何とかしたほうがいい）のように、「～という問題の解決に取り組む」の意味でも用いられる。

128 decide someone's role

～の役割分担を決める

- -

someone's の部分に当てはまる語句が複数を表す場合、roles と複数形になる。また、decide the role(s) of someone という形も使われる。

129 play a part

役割を担う／役割を果たす

- -

この part は、例文にあるように major（大きな）や important（重要な）といったさまざまな形容詞で修飾されて、意味の幅が広げられる。

130 play a role

役割を担う／役割を果たす

- -

play a part とほぼ同じ意味を表すフレーズ。例文のように play the role of... の形をとって「～の役割を担う」の意味で用いられる。

Each group should consider ways to **solve the problem** of child abuse and make a presentation on their findings.

各グループは、子どもの虐待の問題を解決する方法を検討し、それぞれの検討結果を発表してください。

Our class is **working on** improving our French, because we're taking a trip to Canada in a few months.

うちのクラスでフランス語の上達に取り組んでいるのは、数カ月後にカナダへ旅行する予定だからです。

When we start a new project, the first thing we always do is **decide everyone's role**, so that all members can work responsibly.

新しいプロジェクトを始めるにあたって、いつも最初にやることは、一人ひとりの役割を決めることです。そうすれば全員が責任を持って取り組めます。

She has **played a major part** in this class project since the beginning of the semester.

彼女は、学期の初めからこの授業のプロジェクトで重要な役割を果たしてきました。

In the group discussion, I **played the role** of secretary and recorded everyone's opinions.

グループディスカッションで、私は書記の任務に就いて、全員の意見を記録しました。

131　swap roles

役割を交代する

swap は「〜を交換する、〜を交代する」の意味の動詞で、原則的に目的語に名詞の複数形をとるか、もしくは swap A for B（A を B と交換する）の形で用いられる。swap の代わりに switch もよく使われる。

132　take care of...

〜を担当する／〜を引き受ける／〜に対処する

take care of... は、特に仕事や役割分担に関する文脈では、「〜の世話をする、〜の面倒を見る」という意味よりも、こちらの意味で使われることが多いと言える。

133　take charge of...

〜を担当する

この charge は「責任、責務」という意味の名詞で、be in charge of...（〜を担当している、〜の責任を負っている）の形でもよく使われる。

134　at one's own discretion

〜自身の判断で／各自の裁量で

discretion は「（自由）裁量、決定権」の意味。このフレーズの own は省略できる。また、フレーズ全体を at the discretion of... の形に変えても同じ意味を表す。

135　take turns

交代で行う／順番にやる

この turn は「順序、順番」の意味を表す。例文のように take turns as...（〜としての役割を交代で行う）や take turns -ing（交代で〜する）の形でよく用いられる。

Our teacher told us to **swap roles** within the group, so that every student could experience different roles.

先生は私たちに、グループ内での役割を交代するように言いました。そうすれば、全学生が別の役割を経験できるからです。

Our group is **taking care of** the global warming debate, while the other group is taking care of the food shortage debate.

私たちのグループは地球温暖化に関するディベートを担当し、もうひとつのグループは食糧難に関するディベートを担当しています。

The teacher asked me to **take charge of** the main discussion.

先生は私に、討論の中心的な部分を取りまとめるよう求めました。

Please choose the materials for your part of the assignment **at your own discretion**.

課題の自分の担当箇所に使う資料は、各自の判断で選んでください。

We will **take turns** as chairperson to help the discussion proceed smoothly.

私たちは交代で議長役を務めて、議論がスムーズに進むように協力するつもりです。

共同課題に対する教員からの指示

All right, now that you have **broken up into groups**, we can **work on** this collaborative assignment. Each group **is responsible for** preparing and giving a research presentation by the end of this month. You will need to **reach a consensus** about what research topic to choose and what responsibilities each member should take on. The key is for one person to take a leadership role to help **build a team** and decide everyone's responsibilities. As for the details, follow the procedure outlined in the packet I passed out. If you pursue these goals **in cooperation with** one another, **help each other** and **follow the rules**, you should be able to **take care of** the assignment with no trouble. A **common issue** that comes up is that one or two members don't do their share of the work, so remember that it is your **collective responsibility** to complete the project. If there are students who are having trouble fulfilling their assigned roles, you should **have a group meeting** or **ask me for help**.

訳 さて、これでグループができたので、この共同研究に取り組める状況になりましたね。各グループで責任を持って、今月末までに研究発表をする準備をしてください。皆さんが意見の一致を見る必要があるのは、どのようなテーマを選ぶかという点と、各人がどのような責任を持つかという点です。鍵となるのは、1名がリーダーシップを取ってチームを作り上げる手助けをし、各メンバーの責任を判断することです。詳細については、配布した資料一式の中で大まかに示した手順に従ってください。皆さんは、こうした目標を互いに協力し、助け合い、規則に従いながら追求すれば、課題を問題なくこなせるはずです。起こりがちな共通の問題として、メンバーのひとりかふたりが担当の仕事をやらない、ということがあり得るので、課題を完成させるのは共同責任であることを忘れないようにしてください。割り当てられた役割をうまくこなせない学生が出てきたら、集まって打ち合わせをするか、私に相談してください。

✂ キーフレーズをチェック！

break up into groups
グループに分かれる → [107]

work on...
〜に取り組む → [127]

be responsible for...
〜に責任を持つ → [122]

reach a consensus
意見の一致を見る → [117]

build a team
チームを作る ／チームを組む→ [108]

in cooperation with...
〜と協力して／〜と共同で → [113]

help each other
助け合う → [112]

follow the rules
規則に従う → [124]

take care of...
〜を引き受ける ／〜に対処する→ [132]

common issue
共通の課題 ／共通する問題→ [110]

collective responsibility
連帯責任 ／共同責任 → [109]

have a meeting
打ち合わせをする → [111]

ask for help
協力を求める → [106]

Section 5

指導教員との面談

このセクションでは、授業内容や課題・試験・単位の取得などについて指導教員・担当教授に相談するときに役立つ頻出キーフレーズを紹介します。

　留学先の大学における指導教員や担当教授とのコミュニケーションは非常に重要です。担当の授業内容に関する質問はもとより、レポートや課題に関する指導を仰いだり、試験結果や単位取得について相談したり、進路指導を受けたりと、教員と一対一で話をする機会は少なくないはずです。指導教員や担当教授と緊密なコミュニケーションを取れるかどうかは、留学の成功を左右する大きな鍵のひとつと言えるでしょう。

　ここでは、オフィスアワーと呼ばれる「教員が自分のオフィスで学生の相談などに応じる時間帯」に、担当教授を訪ねて、限られた時間内に効率よく質問や相談をして、必要な答えやアドバイスを上手に引き出すためのキーフレーズを取り上げます。適切な表現をぴったりのタイミングで使えるように、使いどころを見ていきましょう。

会話やトークで役立つキーフレーズ

A: 私のオフィスアワーがかなり早めなのはわかってるから、ここへ直接、会いに来てくれてありがとう。So, what did you want to **consult with** me about?

B: I **made an appointment** with you because I'm **worried about failing your class**, especially because I **missed the deadline** for the final report. ご存じのとおり、私、自分の文章力にあまり自信がないのです。

A: わかるけれど、あいにくレポートはあの授業の必須要件だからね。

B: 本当のところ、I'd like to **ask for your advice**. レポート提出の代わりに、is there any other way I can **make up for** the assignment, 低い点を取らずにすむようなものが。

photo: sturti/iStockphoto

136 ask for advice

助言を求める／アドバイスを求める

ask for... は「〜を求める」という意味。advice は「助言」の意味では数えられない名詞で、a が付いたり複数形になったりしない点に注意したい。

137 consult with...

〜と話し合う／〜に相談する

with を取って consult... の形で他動詞として用いても、ほぼ同じ意味。他動詞 consult は、consult a dictionary（辞書を調べる）のように「〜を参考にする」の意味でも使われる。

138 have a talk

相談する／話す

例文にあるように、have a talk with... とすれば「相談相手」を示すことができる。動詞の talk1 語でも言い換えられるが、have a talk のほうが口語的でこなれた印象を与える。

139 have an interview

面談する／面接する

have an interview with...（人）とすれば、面談の相手を明示できる。このフレーズは「面接を受ける」という意味でも使われる。

140 in person

面前で／直接

このフレーズは副詞句で、コミュニケーションの方法が直接的であって、電話・メール・手紙などの間接的なものではない、ということを伝える表現。

You should not worry if your English is not perfect, but try to be as clear as possible, and do not hesitate to **ask for advice**.

自分の英語が完璧でなくても気にする必要はありませんが、できるだけはっきりと話すようにしてください。そして、遠慮なく助言を求めてください。

You should **consult with** your professor about the topic long before you apply for the speech contest.

担当教授にトピックについて時間をかけて相談した上で、弁論大会に申し込んだほうがいいですよ。

I should **have a talk** with you about my future, but I still have no idea what kind of work I'm going to do.

自分の将来についてご相談すべきなのですが、まだどんな職に就けばいいのかまったくわからないのです。

I **have an important interview** this afternoon, and if I pass it, I'll be accepted into the graduate school of law.

今日の午後に大事な面接があります。もし合格すれば、法科大学院に入れるのです。

Speaking **in person** conveys much more feeling and nuance than communicating by e-mail or SNS.

直接会って話したほうが、メールやSNSでやりとりするよりも、気持ちやニュアンスがずっとよく伝わります。

141 make an appointment

面会の予約（アポ）を取る／会う約束をする

make の代わりに arrange（〜を手配する）を用いることもできる。appointment は「人と会う約束（予約)」のこと。

142 be in trouble

困っている／問題を抱えている

例文にあるように be in trouble with... の形をとると、「〜ともめている、〜に関する問題を抱えている」という意味を表す。

143 be stuck with...

〜で行き詰まる／〜で立ち往生する

stuck は「身動きが取れない」という意味の形容詞。stick（〜を［ピンで刺して］動けなくする）という動詞の過去分詞形からきている。

144 be worried about...

〜について悩んでいる／〜のことを心配している

worried の代わりに anxious や concerned を用いても、ほぼ同じ意味を表す。

145 fail a class

単位を落とす

大学で取得する「単位」は、credit(s) という語で表される。しかし、「単位を落とす」と言う場合には、このように fail a class（授業を落とす）と表現するのが普通。

If you want to have a meeting with me, please check the schedule on my door and **make an appointment**.

私と面談したいのであれば、研究室のドアにあるスケジュールを確認して、面会の予約を取ってください。

I'm going to **be in trouble** with my parents if I don't improve my average this year.

両親ともめることになるでしょうね、もし今年平均点が上がらないと。

If you don't register soon, you'll **be stuck with** your second or third choice of courses.

すぐに登録しないと、2番目か3番目に希望するコースを受けることになってしまいますよ。

My professor **is worried about** my grade on the last exam, so I need to explain what happened.

担当教授が私の前回の試験結果について心配しているので、何があったのか説明しなければなりません。

My friend was warned that he will be suspended if he **fails another class**.

友人が、あと1科目分単位を落としたら停学になると警告されました。

146 feel insecure

自信がない／不安だ

例文にあるように、about... を伴って不安の対象を表すことができる。becomet insecure と言えば「不安になる」という意味。

147 get poor grades

成績が悪い

------

poor の代わりに bad も使えるが、どちらかと言うと poor のほうが grade との相性が良い。反対の「成績が良い」には good が使われる。

148 miss a deadline

期限に間に合わない／締め切りに遅れる

------

can't make the deadline という表現でも同じ意味を表すことができる。また、be overdue という表現もある。

149 rely on...

〜を当てにする／〜に頼る

例文にあるように、rely solely on...（〜だけに依存する、〜ばかり当てにする）の形で使われることも多い。solely の代わりに just が用いられることもある。

150 turn to...

〜に頼る／助けを求めて〜のところに行く

この to の後には、人や組織を表す語句が続く傾向がある。直訳すると「〜のほうを向く」で、実際、その意味で使われることもある。

Seniors often **feel insecure** about their future, so they are allowed to talk with professors at any time.

4年生は将来に不安を覚えることが多いので、いつでも教授と話せるようになっています。

I **got poor grades** on my finals, so I need to have an interview with my counselor.

期末試験の成績が悪かったので、担当の指導教員の面接を受けなければなりません。

You should send an e-mail to apologize for **missing the deadline** for the last assignment.

君はメールを送って、前回の課題の締め切りを守れなかったことを謝ったほうがいいですよ。

I was advised not to **rely** solely **on** online job information, so I decided to start networking in person.

私はオンラインの就職情報だけに頼らないよう指導を受けたので、直接、人を訪ねることにしました。

My friend and I **turned to** the International Students Office for help in finding a place to live.

友人と私は、留学生事務室を頼って、住む所を見つけるのを手伝ってもらいました。

151 come up with...

～を思いつく／～を考え出す

I came up with an idea.（アイデアを思いついた）は、come to... という
フレーズを使って An idea came to me. と言い換えることができる。

152 find a solution

解決策を見つける

例文にあるように、to... を従えて、解決すべき事柄を示すことができる。「解
決策を探す」と言いたければ、find の代わりに seek や look for... を用いる。

153 hand in...

～を提出する／～を手渡す

hand in... は、文字どおり「手渡しする」というニュアンスが強いので、デー
タなどの無形物をメール添付などの形で「提出する」場合には、submit が用
いられる傾向がある。

154 in time for...

～に間に合って

例文にあるように、直前に arrive や come などの動詞を伴って用いられるこ
とが多いフレーズ。arrive in time for... は、make it for... と言い換えること
もできる。

155 keep up with...

～に付いていく／～に遅れないようにする

よく似た表現に catch up with... がある。catch up with... は、「～に追いつく」
という一時的な意味合いを持つ点で、継続性を伝える keep up with... とは
異なる。

I **came up with** a new theme for my paper, so I'd like to hear your opinion before submitting it to the department for approval.

新たなレポートのテーマを思いついたので、先生のご意見を伺ってから学部に承認申請したいと思いまして。

School administrators have to **find a solution** to the current internal e-mail problems, so they're consulting with an IT company.

大学当局は、今起きている学内メールの問題の解決策を見つけなければならないので、IT企業に相談しています。

I went to the seminar room to **hand in** my research paper, but my professor was not there.

セミナー室へ行って研究論文を渡そうとしたのですが、教授はそこにいっらっしゃいませんでした。

That student is often very late for class, but surprisingly, he arrived **in time for** the start of the final exam.

あの学生は、授業にひどく遅刻してくることが多いのですが、驚いたことに、期末試験の開始時刻には間に合うように来ました。

If you feel that it's difficult to **keep up with** the other students, please let me know.

もし他の学生に付いていくのが難しいと思ったら、私に相談してください。

156 make up for...
〜を埋め合わせる／〜を取り戻す

「遅れを取り戻す」という意味では、catch up on... というフレーズで言い換えることも可能。

157 on time
期限どおりに／時間どおりに

他に、交通機関の運行などが「定刻どおり」であることを表す場合もある。in time だと「間に合って」の意味。

158 give... some advice
〜にアドバイスする

give some advice to... の形で使われることもある。不可算名詞 advice に付された some は、その数が「不特定」であることを表す。

159 give someone a chance
〜にチャンスを与える

この chance は「好機、見込み、可能性」といった意味を表し、ポジティブなものを手にする機会を指す。類義語の opportunity は、よりニュートラルな意味合いの語。

160 give someone a hint
〜にヒントを与える

hint の代わりに idea も使える。類義語に clue（ヒント、手がかり）や tip（秘訣、助言）がある。

The professor offered a supplementary lesson so that I could **make up for** the classes I missed.

教授が補講をしてくれたので、私は自分が欠席した授業の分を取り戻すことができました。

If you have a meeting scheduled, you should definitely get to the professor's office **on time**.

面談の予約があるなら、必ず時間どおりに教授の研究室へ行くべきですよ。

You should make an appointment to see your professor, so that she can **give you some advice** before the vacation starts.

担当教授と面談の約束を取ったほうがいいですよ。そうすれば、長期休暇が始まる前にアドバイスしてくれるでしょう。

My professor said the department could **give me a chance** to apply for a scholarship if I took a few more classes this year.

担当教授の話では、もし私が今年、あと2、3コマ余計に授業を取れば、学部が奨学金に応募するチャンスをくれるそうです。

Something he said about structure **gave me an important hint** for writing an interesting thesis.

彼が構成について話してくれたことが、私にとって面白い論文を書く上での大きなヒントになりました。

161 give someone a helping hand

相談に乗る／手を貸す

give a helping hand to... の形でも使われる。helping hand は「手助け、援助」の意味で、この helping は省略されることもある。

162 be tied up

手がふさがっている／忙しい

文字どおりの意味は「縛り付けられている」で、手一杯で身動きできない様子を表す。tied の前に all を付けて be all tied up とすると意味が強調される。

163 have a minute

時間がある

have time とも言う。この a minute は「短時間、少しの時間」といった意味を表す。

164 office hours

オフィスアワー

office hours は、一般に企業や団体の「営業時間、就業時間」を表すが、大学では「教員が研究室に在室して学生の相談に応じられる時間」を指す。

165 take the time

時間を取る

the を取って take time の形で使われることもある。spare time（時間を割く）という表現もよく用いられる。

I'm a part-time tutor for international students and **give them a helping hand** with their problems and concerns.

私は留学生のための非常勤指導教員で、留学生の不安や心配事について相談に乗っています。

I'm going to **be tied up** talking to my professor, since I haven't decided which graduate program I want to enter.

担当教授と話すのに時間を取られるでしょう、どの大学院課程へ進めばいいか決めかねているものですから。

If you **have a minute**, could you tell me about the procedure for applying to graduate school?

もしお時間があれば、大学院への出願手続きについて教えていただけませんか。

Could you tell me Dr. Wilson's **office hours**? I want to ask for his advice about graduate school.

ウィルソン先生のオフィスアワーを教えていただけますか。大学院について先生にアドバイスをいただきたいのです。

I appreciate your **taking the time** to speak with me, since I know you are always very busy.

私と話す時間を取っていただいて、ありがとうございます。先生がいつもお忙しいことは存じておりますので。

166 extend a deadline

期限を延長する／締め切りを延ばす

- -

extend the deadline to next week（締め切りを来週まで延ばす）のように、
to... の形を続ければ、延長した期日を明示できる。deadline は due date と
言い換えてもいい。

167 recommend a book

文献をすすめる

- -

動詞 recommend は、She recommended Tom as a possible project chief.
（彼女はトムをプロジェクトチーフ候補に推薦した）のように、人を「すすめる」
ときにも用いられる。

168 as an alternative

代わりに

- -

alternative とは「別の手段、別の選択肢」を表す。したがって、as an
alternative は「別の方法として」という意味で、代替案や次善策に言及する
表現。

169 be OK with...

～にとって大丈夫だ

- -

この with の後には、普通、人を表す語句が続く。OK の代わりに fine や all
right を用いることもできる。

170 instead of...

～の代わりに

- -

このフレーズには必ず名詞・名詞相当語句が続くので、動詞的な要素を続け
る場合には、例文のように動名詞（-ing 形）を用いる。

My friend asked the professor to **extend the deadline** for submitting his thesis, but the reponse was lukewarm.

友人が教授に論文の締め切りを延ばしてもらえるよう頼んだのですが、返事ははっきりしませんでした。

I asked my professor about how to write a good paper, and he **recommend a book** that was very helpful.

担当教授に上手な論文の書き方について尋ねたところ、ある文献をすすめてくださり、それがとても役立ちました。

After speaking with my professor, I decided to apply for an internship **as an alternative** to studying in the UK.

担当教授に相談した上で、私は英国留学するのではなくインターンに応募することにしました。

If **it's OK with** you, I'd like to change the topic of my graduation thesis.

もし先生がよろしければ、卒業論文のテーマを変更してもかまいませんか。

My professor recommended that I go to work for a company **instead of** becoming an actor right away, and I think he was right.

担当教授は、私がすぐに役者になるのではなく、一般企業に勤めたほうがいいとすすめてくれました。そして私は、先生の言うとおりだったと思います。

レポートと単位 A：教員　B：女子学生

A: I know my **office hours** are quite early, so I appreciate your coming here **in person**. So, what did you want to **consult with** me about?.

B: I **made an appointment with** you because I'**m worried about failing your class**, especially because I **missed the deadline** for the final report. As you know, I **feel very insecure** about my writing skills.

A: I understand, but I'm afraid the report is a requirement for the course.

B: Actually, I'd like to **ask for your advice. Instead of** turning in the report, is there any other way I can **make up for** the assignment without getting a poor grade?

A: This is a bit difficult. I could **come up with** an alternative assignment, but I would have to **consult with** the other students in the class. If they're OK with your receiving special treatment, it should be all right. I want to **give you a chance**, but I need to be fair with everyone else.

B: I see. I'd really appreciate it if you could let me know **in time for** the grade submission deadline. I **rely on** a scholarship for my tuition, so I'll **be in trouble** if I can't receive my grade **on time**.

A: 私のオフィスアワーがかなり早めなのはわかってるから、ここへ直接、会いに来てくれてありがとう。で、私にどんなことを相談したかったのかな？

B: 先生に面談の予約をさせていただいたのは、先生の授業の単位を落としそうで心配だからなんです。特に、期末レポートの締め切りに遅れてしまったものですから。ご存じのとおり、私、自分の文章力にあまり自信がないのです。

A: わかるけれど、あいにくレポートはあの授業の必須要件だからね。

B: 本当のところ、アドバイスをいただきたいんです。レポート提出の代わりに、何か課題を埋め合わせる別の方法はないでしょうか、低い点を取らずにすむようなものが。

A: それはちょっと難しいな。代わりの課題を思いつくことはできるが、授業の他の学生と話し合わなければならないだろう。みんなが、君を特別扱いしてもかまわないと言えば、大丈夫だろうが。君にチャンスをあげたいけれど、他のみんなと平等にする必要がある。

B: わかりました。成績の提出締切日に間に合うようにお知らせいただける大変助かります。授業料を奨学金に頼っているものですから、期限どおりに成績表をいただけないと困ったことになるのです。

キーフレーズをチェック！

office hours
オフィスアワー → [164]

in person
直接 → [140]

consult with...
〜と話し合う／〜に相談する → [137]

make an appointment
面会の予約（アポ）を取る → [141]

be worried about...
〜のことを心配している → [144]

fail a class
単位を落とす → [145]

miss a deadline
締め切りに遅れる → [148]

feel insecure
自信がない／不安だ→ [146]

ask for advice
アドバイスを求める → [136]

instead of...
〜の代わりに → [170]

make up for...
〜を埋め合わせる → [156]

come up with...
〜を思いつく → [151]

give someone a chance
〜にチャンスを与える → [159]

in time for...
〜に間に合って → [154]

rely on...
〜に頼る → [149]

be in trouble
困っている → [142]

on time
期限どおりに → [157]

Section 6

課題 & 試験

このセクションでは、宿題やレポート、学期末の試験などについて学生同士で話したり情報交換したりする際に役立つ頻出キーフレーズを紹介します。

　留学生活の中心となるのは、当然ながら勉学・学業です。友人や留学仲間との話題も、必然的に日々の宿題や課題、試験に関するものが多くなります。留学生としてそれらを上手に乗り切っていくためには、同じ授業を履修するクラス仲間と上手に情報交換できるかどうかはきわめて重要です。もちろん、教員や学務部の職員などからきちんと情報を収集できる英語力を身につけることも大切です。

　ここでは、授業の課題や試験、成績などに関する詳細な情報を手に入手あるいは提供したり、あるいは勉学や研究を進める上で役立つさまざまなキーフレーズを取り上げます。学生生活のメイントピックである学業について、的確に情報交換できるようになるための頻出表現について、その意味や使いどころを見ていきましょう。

会話やトークで役立つキーフレーズ

A: I **failed my take-home exam** last week, 全力で準備したのに。ネットでスケジュールを調べたときに、提出日を読み違えて、so it turned out I didn't **meet the deadline**.

B: それはお気の毒！

A: おまけに、教授が言うには、私の小論文のテーマ、一般的過ぎるんだって。So now I have to **choose another topic** and study for the **makeup exam**. たぶん、今週いっぱい、図書館にこもらなくちゃ駄目そうよ。

B: 実は、僕も問題を抱えてるんだ。I'm going look for more reference materials and **conduct another experiment**, そうすれば、もっとマシな論文が書けるだろう。I need to **improve my grades**.

photo: Jacob Ammentorp Lund/iStockphoto

171 ensconce oneself in the library

図書館にこもる

ensconce oneself は「身を隠す」という意味。図書館のような所にこもって勉強する様子を的確に表現するフレーズ。

172 prepare for an exam

試験に備える／試験勉強をする

prepare の代わりに study を使うこともできるが、prepare のほうが試験の形式や種類を問わず用いられる。例えば、実技試験については study は使えない。

173 be on the exam

試験に出る

exam は examination の短縮形。ほとんどの場合、exam は test と言い換えることができる。the scope of an exam と言えば「試験範囲」の意味。

174 be tested on...

〜をテストされる

ここでは、test という語が「〜をテストする、〜を試す」という意味の動詞として使われている。このフレーズでは、人を表す語句が主語になる。

175 do one's best on...

〜で最善を尽くす

do の代わりに try も使える。また、やや硬いが give of one's best on... と言い換えることもできる。

Many students **ensconce themselves in the library** for hours to study for exams.

多くの学生が何時間も図書館にこもって、試験勉強をします。

I usually start **preparing for exams** two weeks in advance, but my brother starts studying the night before.

私は普通、2週間前には試験勉強を始めますが、弟が勉強し始めるのは前夜です。

Everything we learned this semester will **be on the exam**, so there is a lot of studying to be done.

今学期に学んだことはすべて試験に出るので、勉強することがたくさんあります。

To enroll in this class, you will **be tested on** your knowledge of geometry and calculus.

この授業に登録するにあたっては、幾何学と微積分の知識をテストされることになります。

I **did my best on** the final exam, since the results can be applied to the graduate school entrance requirements.

期末試験では最善を尽くしました。結果が大学院への入学要件に影響するかもしれませんから。

176 **have an exam**

試験がある／試験をする

学生の立場で「試験を受ける」ことと、教員の立場で「試験を行う」ことの両方を言い表せるフレーズ。前者に特化したければ take an exam とも、後者であれば give an exam とも言える。

177 **make use of...**

～を利用する／～を使う

このフレーズには、「本来の用途以外の目的に利用する」あるいは「本来、想定されている以上の効果を引き出すべく活用する」といったニュアンスがある。

178 **final exam**

学年末試験／期末試験

----

final だけでも、この意味を表すことができる。「学年末試験」と「期末試験」をはっきり区別したいときには、前者に year-end exam を、後者に term exam や semester final exam を用いる。

179 **term exam**

期末試験

この term は一般的に「学期」を表すが、本来、英国式の「3 学期制の 1 学期」を表す語。米国では「3 学期制の 1 学期」を trimester、「2 学期制の 1 学期」を semester、「4 学期制の 1 学期」を quarter と呼ぶ。

180 **makeup exam**

追試験

----

makeup exam は、試験の欠席者や、試験結果が悪かった学生が挽回するために行われる「追試験」を指す。単なる、追加で設けられた試験は additional exam と呼ばれる。

This week I will be staying up all night, because I **have at least one exam** each day.

今週は徹夜することになりそうです。毎日必ずひとつは試験があるんです。

Calculators are not allowed in this exam, so please **make use of** the paper at the back of the booklet to do calculations.

この試験では計算機の持ち込みは許されていませんので、冊子の後ろの紙を使って計算してください。

I got a good score on the **final exam**, so all the studying I did was worth it.

学年末試験で良い成績を挙げました。あれだけ勉強したかいがありました。

If you get a low score on the **term exam**, you'll need to retake it, so I recommend you study hard.

期末試験の点数が低いと、再試験を受けなければならなくなるので、しっかり勉強するようにしてください。

A **makeup exam** was held this year, since many students were absent due to the flu.

今年、追試が行われたのは、多くの学生がインフルエンザで欠席したからです。

181 make a mistake

間違える

----

make an error という表現もよく用いられる。また、動詞 mistake1 語でも、同じ意味を表すことができる。

182 grade an exam

試験を採点する

----

grade は、名詞なら「成績、評点、学年」などの意味だが、このように動詞として使われると「〜を採点する、〜に成績をつける」の意味を表す。

183 return someone's exam paper

答案を返す

----

return の代わりに、give back... も使える。exam paper は、文脈があれば paper だけでも通じる。

184 do well on...

〜でできが良い／〜の成績が良い

テストの成績が良いことを言い表すときに、よく用いられる表現。get a good score on...（〜で良い点を挙げる）というフレーズも使われる。反対に、成績が「悪い」なら、well の代わりに poorly を用いる。

185 fail an exam

試験に落ちる

----

fail の代わりに、自動詞の fail を用いた fail in... が使われることもある。fail を名詞として使うと、「不合格」の意味を表す。

In the grading method used for this test, points are subtracted if you **make a mistake**.

この試験の採点方式では、間違えると減点されます。

Professors hate it when they're **grading exams** and there's no name on an answer sheet, so I always write my name at the beginning.

教授陣が嫌がるのは、試験を採点していて解答用紙に名前がないことです。だから私はいつも、最初に記名するのです。

The teacher will **return our exam papers** in the last class of the semester, so he doesn't have much time to grade them.

先生は私たちの答案を学期末の授業で返却してくれることになっているので、採点するための時間があまりありません。

My friend **did** really **well on** the senior-year exam and was mentioned at the graduation ceremony.

友人が４年次の試験でとても良い成績を挙げて、卒業式でその話が出ました。

He thought he **failed the exam** since he hadn't studied much, but he actually passed.

彼は、たいして勉強しなかったので試験に落ちると思っていたのに、実際には受かりました。

186 # improve one's grades
成績を上げる

---

improve の代わりに raise を用いることもできる。また、全体を improve (one's) performance と言い換えることも可能。

187 # pass an exam
試験に合格する／試験に受かる

---

pass の代わりに do well on... （〜に合格する、〜で好成績を挙げる）という句動詞を用いることもできる。

188 # test score
試験の成績／試験の点数

---

exam score と言うこともできる。score は数値を前提とした言葉なので、その善しあしを述べるときは形容詞の high / low が用いられる。

189 # choose a topic
テーマを選ぶ

この topic は、theme や subject と言い換えることもできる。例文のように、choose a topic from... （〜からテーマを選ぶ）の形でよく用いられる。

190 # collect data
データをまとめる／情報を収集する

---

collect の代わりに gather も使える。また、この場合の data は、information と言い換えることもできる。

If you want to receive a recommendation for graduate school, you must **improve your grades**.

大学院への推薦を受けたければ、成績を上げなければなりませんよ。

Since you **passed last week's exam**, you can move up to the advanced class next semester.

先週の試験に合格したので、来学期からは上級クラスへ移れますよ。

A TOEFL **test score** of 100 or higher was required for overseas study, so I had to study English very hard before I came here.

TOEFL の試験の点数が 100 点以上ないと留学できなかったので、こちらへ来る前には英語を相当勉強しなければなりませんでした。

Choose a topic for your final project from these five options, then head out to begin your field research.

最後の課題のテーマを、この５つの候補から選び、それから実地調査を始めるようにしてください。

You need to **collect data** related to your thesis theme from books, papers and your surveys of local people.

論文のテーマに関するデータを、文献や論文、地元の人たちへの調査などを元に集める必要があります。

191 conduct an experiment
実験を行う

この conduct は、carry out、make、run などに置き換えることができる。
experiment（実験）は、小規模なものであれば test と表現することも可能。

192 conduct field research
実地調査を行う

この場合の field は「実地、現地、現場」といった意味。field research は、
机に向かって研究するのではなく、物事の現場に出向いてあれこれ調べる
こと。

193 do research on...
〜について調査・研究する

この do は、carry out や conduct と言い換えることもできる。また、
research を study と言い換えることも可能だが、その場合、a study と不
定冠詞を付ける。

194 look for reference materials
参考資料を探す

---

reference materials とは「参考資料、参考文献」を表す。reference だけ
でも同じ意味を表す場合がある。background materials という表現も使え
る。

195 look up... on the Internet
〜をインターネットで調べる

---

look up... は、言葉や番号など、比較的簡単な情報を、書物やインターネッ
トなどの媒体で「調べる」こと。辞書など書物を使って「調べる」場合には、
on の代わりに in が使われる。

110

For the final report, we need to **conduct a biological experiment** and submit the results.

期末レポートとして、私たちは生物学の実験を行い、その結果を提出する必要があります。

For our assignment on agricultural products, our group has to **conduct field research** by talking to farmers.

農産物に関する課題のために、私たちの班は農家の人たちと話をして実地調査を行わなければなりません。

Our next group task is about AI, so we have to **do research on** AI technology, including its strengths and pitfalls.

私たちのグループの次の課題は、人工知能についてです。そこで、AI技術に関して、その長所や落とし穴を含めて調査する必要があります。

The first step in writing a paper is to **look for reference materials** that will form the factual foundation of your argument.

レポートを書く第一歩は、自分の論点の基盤を事実に基づいて築いてくれる参考資料を探すことです。

Looking up information on the Internet is fine, but please be aware that copying a text word for word is plagiarism.

情報をネットで調べるのはいいのですが、一語一句そのままコピーすると盗用に当たるので注意してください。

196　organize data

データを整理する

動詞 organize は、「要素や人員などを体系的に整頓する」ことを意味する。このフレーズでは、organize を assemble や marshal という語で言い換えることもできるが、marshal はやや硬い言葉。

197　summarize one's ideas

考えをまとめる

この ideas は、thoughts と言い換えることも可能。フレーズ全体を put together one's thoughts のように言い換えても、ほぼ同じ意味を表すことができる。

198　verify information

情報を検証する

----

verify の代わりに check を用いることもできる。例文中にある twice は、「2回」という具体的な回数よりも「繰り返し、念入りに」といった意味で使われている。

199　create materials

資料を作る

----

create の代わりに、make や prepare を用いることもできる。create を使うと「自分で一から作り上げる」といったニュアンスを込めることができる。

200　make a draft

下書きする

----

draft は「下書き、草稿」のこと。このフレーズの代わりに、draft out という動詞句を用いることもできる。

I've collected a lot of materials, so now I need to **organize all this data**.

たくさんの資料を集めたので、次に必要なのはこの全データを整理することです。

Read this book and write an essay **summarizing your ideas** and opinions about it.

この文献を読んで、それについての考えや意見をまとめて小論文を書いてください。

When you write a paper, you should **verify the information** twice in order to avoid using bad data.

レポートを書くにあたっては、情報を繰り返し検証し、粗悪なデータの利用を避けるようにしてください。

After organizing your data, please **create materials** such as graphs and tables for distribution at the academic conference.

データを整理したら、グラフや表などの資料を作り、学会での配布に備えてください。

Once you have **made a draft**, please send it to me by e-mail for my comments.

いったん下書きができたら、私にメールで送ってください、コメントを入れますので。

201 write up...
〜を書き上げる

- -

副詞の up には「完全に」や「終えて」というニュアンスが含まれるので、write up ... は「〜をすっかり書き終える」といった意味合いで用いられる。

202 print out a document
文書を印刷する

- -

document は「文書」、つまり文字が記録された紙やデータのひと束、ひと塊を表す。この束や塊が複数あれば、documents（書類）と複数形で表現される。

203 meet the deadline
締め切りを守る

- -

この動詞 meet は、「〜（要求されたことなど）を満たす」という意味で使われている。meet の代わりに make を用いても、ほぼ同じ意味を表すことができる。

204 turn in one's paper
レポートを提出する

- -

この turn in... は、hand in... や submit と言い換えることも可能。paper は、日常的に課題として提出が求められるような短めの論文やレポートのたぐい。しg

205 have one's essay corrected
小論文を添削してもらう

- -

essay は、学生が短期間で仕上げるような「短い論文、小論文」を指す語。卒業論文や長い学術論文などの「論文」には thesis という語を当てる。

I have to **write up** this thesis by the end of the month, so I've been working frantically.	この論文を月末までに書き上げなければならないので、死にものぐるいで取り組んでいるのです。
After submitting the assignment, please **print out the document** confirming your submission.	課題を提出したら、その文書を印刷して、自分の提出を確認してください。
Those who do not **meet the deadline** will have points deducted from their score.	締め切りを守らない人は、減点されることになります。
When **turning in your paper**, please be sure to fill in your name and student ID number on the cover page.	レポートを提出する際には、必ず名前と学生番号を表紙に記してください。
This program gives overseas students the opportunity to **have their essays corrected** by tutors.	この制度を利用すれば、留学生は自分の小論文を個別指導員に添削してもらえます。

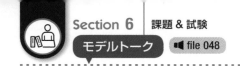

追試に向けて図書館へ GO! A：女子学生　B：男子学生

A: I **failed my take-home exam** last week, even though I did my best to prepare for it. When I **looked up the exam schedule on the internet**, it I misread the due date, so it turned out I didn't **meet the deadline**.

B: Oh, that's too bad!

A: Also, the professor told me that my essay topic was too general. So now I have to **choose another topic** and study for the **makeup exam**. I guess I'll need to **ensconce myself in the library** for the rest of the week.

B: Actually, I had a problem, too. When I turned in my exam, the professor said I needed to revise my essay, because it looked more like a draft than a final paper. I'm going look for more reference materials and **conduct another experiment**, so I can write a better essay. I need to **improve my grades**.

A: Well, let's both do our best. Hey, maybe we could study in the library together. We could **make use of** the library reference materials and give each other advice.

A: 先週の持ち帰り試験に落ちたの、全力で準備したのに。ネットでスケジュールを調べたときに、提出日を読み違えて、結局、締め切りに間に合わなかったのよ。

B: それはお気の毒!

A: おまけに、教授が言うには、私の小論文のテーマ、一般的過ぎるんだって。だから今、別のテーマを選ばなくちゃいけないし、追試を目指して勉強もしなければならないの。たぶん、今週いっぱい、図書館にこもらなくちゃ駄目そうよ。

B: 実は、僕も問題を抱えてるんだ。提出したときに、教授が僕の小論文は書き直す必要があるって言うんだよ。最終版じゃなくて下書きみたいだからだって。もっと資料を探して、もう一度実験をやることにしたよ。そうすれば、もっとマシな論文が書けるだろう。成績を上げなくちゃいけないからね。

A: じゃあ、ふたりとも全力で頑張りましょう。ねえ、一緒に図書館で勉強してもいいかもよ。図書館の資料を利用しながら、お互いにアドバイスできるじゃない。

キーフレーズをチェック!

fail an exam
試験に落ちる → [185]

look up... on the internet
〜をインターネットで調べる→ [195]

meet the deadline
締め切りを守る → [203]

choose a topic
テーマを選ぶ → [189]

makeup exam
追試 → [180]

ensconce oneself in the library
図書館にこもる→ [171]

conduct an experiment
実験を行う→ [191]

improve one's grades
成績を上げる→ [186]

make use of...
〜を利用する／〜を使う→ [177]

満面の笑みで No と言う

平田久子（ライター）

あなたと友人はバーでお酒を楽しんでいる、と想像してください。いくらか飲んだ後、そろそろ切り上げるかまだ飲み続けるか、どちらでもかまわないという状況です。

友人：Do you mind if I have another glass of wine?

友人を思いやるあなた：Yes!

どっか～ん！

Do you mind if... ? というのは、英語のネイティブスピーカーがごく普通に使う言い回しのひとつです。そして、日本人が「やっちまった」をやってしまう危険なものでもあります。

Do you mind if... ? は「私が～したら気にする？」という意味で、言葉の感覚としては「いいかしら？」ですが、心情的には「嫌かしら？」に近いのです。この友人は「もしかしたら、あなたは帰りたがっている？　私がもう一杯飲むとすると、実は迷惑？」といった気遣いをしているので、Is it OK if I... ? ではなく、Do you mind if I... ? という言い回しを選んだわけです。

ここで「やっちまった」が起こったのは、「どうぞ」の意思表示をする場合の答えが Yes ではなく No だからなのです。「嫌かしら」といった問いかけに「嫌と思っていない」と答えたい、だから答えは No です。けれど、気持ちは「どうぞ」と肯定的である以上、Yes と言いたくなるではありませんか。

「全然オッケー」と言いたいあなたは、満面の笑みとともに No と言うのが正解です。けれどそれって、難易度の高さ半端ないですよね。Yes と言ってしまった後でも、I meant "no."（「No」のつもりだったの）とでも言い直せば、問題は解消されます。けれど Yes と言い放ったままであれば、気遣いを示してくれた友人に対して「嫌です、迷惑です」と断ったも同然で、友情にひびが入ってしまうこと間違いなし。相手が教授やアルバイト先の上司だったりしたら、お先真っ暗間違いなし……。

Do you mind if... ? という投げ掛けへの返答に不安を感じる方は、必ず Please go ahead. と答えると決めてしまうのが無難です。ハズレなしの安全策です。本当に「困る、嫌だ」という状況であれば、I'm sorry, but yes. といった断り方をします。「申し訳ない」といった顔つきをすることで、相手をおもんぱかる気持ちは明解に表すことができます。

Chapter 2

カレッジライフを整える

生活必需型
キーフレーズ
200

このチャプターでは、学問研究中心の
キャンパスライフから一歩外に出て、留
学先のコミュニティーで人との交流やプ
ライベートライフを楽しんだり、生活に
必要な手続きをこなしたりするのに役立
つキーフレーズを見ていきます。

Section 1

入寮 & 寮生活

このセクションでは、留学生活の第一歩、そして日常の拠点となる、学生寮での暮らしに役立つ頻出キーフレーズを紹介します。

　大半の留学生にとって日常生活の拠点となるのは、大学に併設された学生寮でしょう。米国の場合、大学の学生寮の多くが、ふたり以上の相部屋を提供しています。そのため、入寮者にとってとりわけ重要となるのが、ルームメートと良好な人間関係を築くことです。ルームメートとのコミュニケーションがうまくいけば、毎日の生活が楽しく充実したものになり、授業や課題や試験、その他、大学生活全般に関する情報交換もスムーズにいくことでしょう。

　ここでは、寮生活に関わるさまざま規則やマナーに関する頻出表現や、ルームメートとの取り決めや人間関係を構築・維持する上で役に立つキーフレーズを、使いどころやバリエーションを含めて見ていくことにしましょう。

会話やトークで役立つキーフレーズ

A: ルームメートは何人いるの？

B: I live in a **double occupancy** room, so ルームメートはひとりさ。

A: そう。私と同じだわ。で、あなたとルームメートの間で部屋について何かルールを決めてる？

B: うん、交代で週 2 回、部屋を掃除してるし、and we **dispose of** all our trash every two days.

A: きっと部屋はとてもきれいなんでしょうね。Have you ever **had an argument** with your roommate?

B: 実はあるんだ。きっかけは、彼が自分の友だちを部屋に呼んでパーティーを開いたことだった。Then he didn't **clean up** the next day, even though they **made a mess**, so 結局、僕がやる羽目になったんだ。

photo: sturti/iStockphoto

206 move into the dorm
入寮する

- -

動詞 move には「引っ越す」の意味がある。move into... で「～に入居する」の意味になる。

207 live in a dorm
寮生活を送る／寮に住む

- -

dorm は dormitory を縮めた口語的な単語で、会話ではたいてい dorm が使われる。

208 double up with...
～と共同生活する／～と相部屋になる

- -

double up は「同居する」の意味で使われるフレーズ。with... を付けることで、同居相手を示すことができる。

209 for common use
共用で／共用の

- -

この common は「共同の、共通の」の意味。common の代わりに shared という語を用いても、ほぼ同じ意味を表せる。

210 room assignment
部屋の割り当て

- -

assignment は「宿題、課題」の意味でも用いられるが、ここでは「割り当て、割り振り」の意味。例文の dorm supervisor は学生（215 を参照）。

I heard that the day that freshmen **move into the dorm**, their families come to help them move and there's a welcome party that night. But my parents live in Japan, so they can't come.

１年生が入寮する日には、家族が引っ越しの手伝いにきて、その夜に歓迎会が開かれることになっていると聞きました。でも私の両親は日本に住んでいるので、来られません。

Living in a dorm, they say we can develop a spirit of cooperation and a sense of independence. Actually it's my first time living with someone like a dormitory, so I'm worried.

寮生活によって、協力の精神と独立心を育むことができると言われます。でも、他の人と一緒に生活するのは初めてなので、私はとても不安です。

At first it was difficult to **double up with** other people, because we had different values and little things bothered me.

当初、他の人と同室で暮らすのは大変でした。価値観が違って、小さなことにイライラさせられたからです。

In the old dormitory, there are showers and toilets **for common use** between floors. I don't like that, so I want to move into my own apartment soon.

その古い寮では、シャワーとトイレが各階共用です。それが嫌なので、早くアパートに引っ越したいのです。

A: Who decides on **room assignments**?

B: They are randomly decided by the dorm supervisor.

A: 部屋の割り振りは誰が決めるんでしょうか。
B: それは無作為で、寮生リーダーが決めます。

211 be equipped with...

〜を備えている

部屋や建物などの設備について述べるときに頻繁に使われるフレーズ。
equipped の名詞形 equipment は、「装備、備品、設備」の意味。

212 double occupancy

ふたり部屋

この occupancy は「占有権、収容人数」の意味で、それが double（ふたり分の）
ということ。なお、例文中の lower-division students は「1、2 年生」を、
upper-division students は「3、4 年生」を指す。

213 feel comfortable

居心地がよい／快適だ

例文のように、動詞の -ing 形を続けるか、feel comfortable with...（〜が
快適だ）の形をとることが多い。feel の代わりに be 動詞もよく用いられる。

214 fully furnished

家具が完備された

furnished は「家具付きの」という意味の形容詞。well-furnished（十分に
家具が備わった）という語も、同じようによく用いられる。

215 dorm supervisor

寮生リーダー／寮のまとめ役

dorm supervisor とは、通例、学生が担う寮のまとめ役を指し、resident
assistant や dorm assistant と呼ばれることもある。dorm supervisor に
なると、寮費が無料になったり、安くなったりすることがある。

All rooms in our dorm **are equipped with** emergency supplies in the event of a disaster.

私たちの寮では、すべての部屋に、災害時に備えて防災用品が備えてあります。

Lower-division students stay in rooms with two or three other people, but upper-divison students have larger rooms with **double occupancy**.

下級生は2、3人部屋に入りますが、上級生は広めのふたり部屋に入ります。

I **feel more comfortable** living in a dormitory than living alone, because I have a greater sense of security when someone is there.

私には、ひとり暮らしよりも寮生活のほうが快適に感じられます。誰かがいてくれると安心感を覚えるからです。

These dorm rooms are **fully furnished**, so there weren't many initial expenses when I moved in. It was so helpful.

この寮の部屋は完全家具付きなんです。それで入寮時に初期費用があまりかからなかったんです。とても助かりましたよ。

A: Who is the **dorm supervisor**?

B: It's Peter, who is eating over there. He's a great leader, so you can count on him.

A: 誰が寮生リーダーですか。
B: あそこで食事をしているピーターです。優れたリーダーシップ能力があるので頼りになります。

216 off-campus dorm

学外にある寮

on-campus は「大学構内の、学内の」、off-campus は「キャンパス外の、学外の」の意味。対にして覚えておきたい。

217 change rooms

部屋を替える

ある部屋から別の部屋に替える、ということなので、rooms と複数形になる点に注意。change trains（電車を乗り換える）と同じ用法だ。

218 air out the room

部屋を換気する

air out... は「〜の空気を入れ替える」の意味。自動詞句として「外気に触れる、休憩する」の意味でも用いられる。ventilate という 1 語でも言い換えられるが、やや堅苦しくなる。

219 clean up...

〜を片付ける／〜をきれいに掃除する

clean だけでも「〜を片付ける、〜を掃除する」の意味になるが、up を付けると「すっかり片付ける、隅々まできれいにする」といった強調のニュアンスが加わる。

220 cook for oneself

自炊する

動詞 cook は「〜を加熱調理する」という意味なので、加熱しない軽食などを含める場合には、prepare one's own meal(s)（自分で食事を用意する）と言う。

A: There are a limited number of rooms in the on-campus dorm, so many students live in an off-campus dorm.

B: Is the off-campus dorm as comfortable as the on-campus dorm?

A: 学内の寮では部屋数が限られているので、多くの学生が学外の寮に住んでいます。
B: 学外の寮の住み心地は学内の寮と同じように快適ですか。

All students change rooms at the start of a new school year, in order to experience rooming with different people.

全学生が、学年が変わると部屋を替えます。いろいろな人と同じ部屋に住む経験をするためです。

There are two people living in this room, so part of the daily routine is to air out the room every morning.

この部屋はふたり用の相部屋なので、日課のひとつとして、毎朝空気の入れ替えをします。

Why don't we take turns cleaning up our room and the common space twice a week?

週2回、交代で室内や共同スペースを掃除しませんか。

I learned to cook for myself when I started living in the dormitory.

寮生活を始めたときに、自炊することを覚えました。

221 dispose of...

~を処理する／~を捨てる

このフレーズは、ごみなどを「適切に処分する」といったニュアンスで使われる。これに対して dump や throw away... は、単に「~を捨てる、~を投棄する」といった意味。

222 do laundry

洗濯する

do the laundry と the が付けられることもある。laundry の代わりに washing を用いることもできる。wash one's clothes でもいい。

223 one's turn to do

~する当番

この turn は「番、順番」の意味。この意味の場合には、通例、one's turn の形で用いられる。

224 protect one's privacy

プライバシーを守る

protect の代わりに、maintain、preserve などを用いても、ほぼ同じ意味。

225 put out (the) trash

ごみを出す

put out... を take out... と言い換えることも可能。また、trash は「ごみ一般」を表すが、garbage と言うと、特に「生ごみ、残飯」を指す。

We **dispose of** trash every two days to keep the room clean.	私たちは1日おきにごみを捨てて、部屋をきれいに保っています。
Our dorm has a coin laundry in the basement, so you can **do laundry** whenever there's a washing machine available.	私たちの寮には地下にコインランドリーがあるので、洗濯機が空いていればいつでも洗濯できます。
It is **my turn to clean** the room today, but I caught a cold, so could you do it instead? I'd take your turn when I feel better.	今日、部屋の掃除当番なんですが、風邪をひいてしまったので、交代してもらえませんか。よくなったら、あなたと交代します。
You should keep your room locked to **protect your privacy**.	プライバシーを守るには、部屋に鍵をかけたほうがいいですよ。
Friday is trash collection day, so we have to **put out our trash** by 8:00 Friday morning.	金曜日はごみの収集日なので、私たちは金曜の朝8時までにごみを出さなければなりません。

キーフレーズ 226 - 230　◀ file 053

226 separate (the) trash

ごみを分別する

----

separate の代わりに、segregate や sort を用いても、同じ意味を表すことができる。この trash は garbage や waste とも言い換えられる。

227 break curfew

門限を破る

----

curfew はもともと「夜間外出禁止令」を意味する語だが、日常的な文脈では「門限」の意味で使われる。break の代わりに violate を用いて violate the curfew とも言える。

228 disturb someone's studies

〜の勉強の邪魔をする

この studies は「勉学、学習」の意味で、原則的に複数形で用いられる点に注意したい。

229 make a lot of noise

うるさくする／大騒ぎする

----

make some noise で「音を立てる、騒ぐ」といった意味を表す。some を a lot of に代えると、騒音や騒ぎの規模がより大きいことが表される。

230 make a mess

散らかす／汚す

----

mess は「乱雑さ、汚い状態」を表す語。mess を動詞として用いた mess up... (〜を散らかす、〜を汚す) というフレーズも、よく使われる。

It is difficult to **separate our trash** into the specified categories.	ごみを決められた分類どおりに分別するのは大変です。
Be careful. If we **break curfew** three times, we'll be removed from the dormitory.	注意して。門限を3回破ったら、寮にいられなくなるから。
When the people in the next room have a party, the noise **disturbs my studies**. Do you think I should say something to them?	隣室の人たちがパーティーを開くと、うるさくて勉強の邪魔になります。彼らにひと言、言うべきだと思いますか。
You're not allowed to have parties or **make a lot of noise** in common spaces after 11:00 p.m.	共用スペースで、午後11時以降にパーティーを開いたり大声で騒いだりしてはいけません。
If you **make a mess** when you use a common space or kitchen, be sure to clean it up for the next person.	共用スペースや台所を散らかしたら、次の人のために必ず片付けてください。

231 stay up late

夜更しする

この up は「起きて、目覚めて」という意味の副詞。be up late や sit up late もほぼ同じ意味。

232 fall out with...

〜と仲たがいする

やや硬い表現。have a falling-out with... という形でも、ほぼ同じ意味を表すことができる。

233 get along with...

〜と仲良くやっていく／〜とうまくやる

be on good terms with... というフレーズも、ほぼ同じ意味で用いられる。don't get along with... は「〜とうまくやっていけない」。

234 have an argument with...

〜と口げんかする／〜と言い争う

この argument は「口論、口げんか」の意味。同じ意味を表すフォーマルな言い方に、have words with... がある。

235 make up

仲直りする

make up はさまざまな意味を表す句動詞だが、人間関係に関する文脈では、この意味で用いられることが多い。make up with...（〜と仲直りする）の形でもよく使われる。

On Friday nights and weekends, I often **stay up late** watching movies with my roommates.	金曜日の夜や週末には、よくルームメートと映画を見ながら夜更ししします。
Some students **fall out with** roommates because they have different perspectives, but most learn to live cooperatively.	学生によってはルームメートと仲たがいします。考え方が合わないからです。しかし、ほとんどの学生が協力して暮らすすすべを身につけます。
When you have roommates, you learn to **get along with** people who have different backgrounds and perspectives.	ルームメートがいると、違った生い立ちや考え方を持つ人と仲良くやっていくすべが身につきます。
When I was a freshman, I often **had arguments with** roommates about who didn't clean up or who used my stuff.	１年生のときには、よくルームメートと、誰が掃除をしなかったとか、誰が人の物を使ったとか言って、口げんかをしたものです。
He had an argument with his roommate last week, but it seems they've **made up**.	彼は先週ルームメートと口げんかをしましたが、どうやら仲直りしたようです。

236 mutual concern

互いの気遣い

----

concern は多義語で、「不安、心配、関心事」などさまざまな意味があるが、ここでは「気遣い、配慮」の意味。

237 share A with B

AをBと分担する／AをBと共有する

分担または共有する相手が複数いる場合には、share A among B の形が使われることも多い。

238 talk frankly

ざっくばらんに話す

----

frankly の代わりに candidly とも言える。have a frank talk または have frank talks と言っても同様の意味。

Mutual concern among roommates is essential for a comfortable, enjoyable dorm life.

ルームメート同士の気遣いが、快適で楽しい寮生活には不可欠です。

You should share the cleaning and dishwashing equally with your roommates.

掃除と食器洗いは、ルームメートと均等に分担するべきです。

As we get to know our roommates better, it gets easier to talk frankly about personal topics.

ルームメートのことをよく知るようになるにつれ、個人的なことをざっくばらんに話しやすくなります。

寮生活のルール　A：女子学生　B：男子学生

A: How many roommates do you have?

B: I live in a **double occupancy** room, so I have one roommate.

A: I see. The same as me. So, have you and your roommate made any rules the room?

B: Yes, we take turns cleaning the room two days a week, and we **dispose of** all our trash every two days.

A: Your room must be very clean. Have you ever **had an argument with** your roommate?

B: I actually have. The trigger was that he invited his friends to our room and had a party. Then he didn't **clean up** the next day, even though they **made a mess**, so I ended up doing it.

A: Ah, that's why you made those rules.

B: Exactly. But now we **feel comfortable** with each other and we can **talk frankly**, so I'm **getting along with** him very well.

A: That's good. By the way, do you often **cook for yourself**?

B: No, because we don't have our own kitchen. We only hava common-use kitchen in the dorm.

訳 A: ルームメートは何人いるの？

B: ふたり部屋に住んでるから、ルームメートはひとりさ。

A: そう。私と同じだわ。で、あなたとルームメートの間で部屋について何かルールを決めてる？

B: うん、交代で週2回、部屋を掃除してるし、2日に1回ごみを全部捨てるんだ。

A: きっと部屋はとてもきれいなんでしょうね。ルームメートとけんかになったことなんてある？

B: 実はあるんだ。きっかけは、彼が自分の友だちを部屋に呼んでパーティーを開いたことだった。それで彼は翌日、掃除をしなかったんだよ、みんなで散らかしたくせにね。結局、僕がやる羽目になったんだ。

A: ああ、それでいろいろルールを決めたのね。

B: そのとおり。でも、今ではお互い快適に暮らしてるし、ざっくばらんに話す仲だよ。彼とはとてもうまくいってるんだ。

A: それは良かったわ。ちなみに、よく自炊したりするの？

B: してないよ、だって自分たちのキッチンがないからね。寮の共用のキッチンしかないんだ。

✂ キーフレーズをチェック！

double occupancy
ふたり部屋 → [212]

dispose of...
〜を捨てる → [221]

have an argument with...
〜と口げんかする → [234]

clean up...
〜をきれいに掃除する → [219]

make a mess
散らかす → [230]

feel comfortable
快適だ → [213]

talk frankly
ざっくばらんに話す → [238]

get along with...
〜とうまくやる → [233]

cook for oneself
自炊する → [220]

コラム 「体験的」留学英語作法 ② いつでも「おまけ」をプラスする

平田久子（ライター）

　日本人留学生の多くは、英語力が限定的なまま留学先に向かいます。語彙が限定的だと表現も限られてしまうわけで、本意とは異なる発言をしてしまい、人間関係を損ねる危険があります。例えば、以下のような具合です。

　「アンナって知ってる？」の問いかけに「知ってる、環境学のクラスにいるぽっちゃりとした（chubby）子ね」と言いたいところを、「環境学のクラスにいる太ってる（fat）子ね」と言ってしまう。

　四六時中、言葉の選択に神経をとがらせているのは無理というものですが、やってしまったミスの挽回も、同じように難しいのです。人間関係を安定させるためには、ミスというマイナス面に気を配ることが第一ですが、「おまけ」というプラスを用意するのも効果的でしょう。

　英語圏の人々がよく口にするあいさつに、Have a nice [good] day. があります。別れ際に Good-bye. や See you later. などと言い交わした後に、さらりと付け足すものです。「良い一日をお過ごしください」という、直訳するとあまり格好がつかない感じの表現ですが、好感が持てるものであることはおわかりいただけると思います。親しい間柄であればもちろんのこと、初めて入ったカフェの初対面の店員から機械的に発されとしても、Have a nice [good] day. と送り出されて不快感を抱くことは、決してないでしょう。

　留学時代、私は積極的に Have a nice [good] day. を口に出していました。「私は時折、ぶしつけな言葉を発しているにちがいありませんが、それは英語力が不十分なせい、または気が回らないせいです、決して悪いやつはございません」との言い訳をこのひと言に込め、好感度の保持や挽回を試みたのでした。

　相手がうんと年上や格上の男性というケースでは、Have a nice [good] day, sir. と sir を付け足します。女性の場合には sir ではなく ma'am です。また、Have a nice [good] time. や Have a nice [good] evening. といった、時間に応じた言い換えのパターンもあります。相手との関係がどのようなものであれ、相手が先にこの言葉をかけてきたときの返答は Thank you. で間に合いますが、Thank you, and you too. と and you too（あなたもね）を付け足すことができれば完璧です。

形式張ることと敬意を表すことは違う

ソニア・マーシャル（編集者）

　米国では普通、人々の話し方や振る舞い方は、日本ほど形式張ったものではありません。とはいえ、形式張ることと礼儀正しくすることは、同じではありません。むしろ、礼儀正しさは米国ではとても大切なものです。たとえ、くだけた会話が交わされるような場面であってもです。言い換えれば、人に敬意を表することが重要なのです。これは、上下関係の有無にかかわりません（ちなみに、社会的な上下関係は、一般的に米国では、日本ほどはっきり規定されていません）。

　学生寮で暮らしたりアパートの部屋を誰かとシェアしたりする状況では、他人との物理的な距離が縮まるので、良好な人間関係を維持するには相手のスペースや持ち物に敬意を払う必要があります。ルームメートの持ち物を使いたいときや、何かをしたいけれど、その人の邪魔になる可能性があるときには、次のような言葉を掛けるといいでしょう。

Do you mind if I borrow your book?（あなたの本を借りてもかまわない？）

Is it OK if I move my desk over here?（私の机をここへ移動してもいいかしら？）

　一方で、ルームメートが、何かあなたの気に障るようなことをしたときには、言うべきことを言ってかまいません。もちろん、その場合でも礼儀正しく振る舞うに越したことはありませんが。例えば、次のような具合です。

When you want to borrow something, could you (please) ask me first?（何かを借りたいときには、まず私に聞いてくれない？）

Actually, do you think you could move your desk to the left? It's blocking the way a little.（ねえ、あなたの机を左に寄せてもいいと思ってるの？ちょっと邪魔なんだけど）

　相手が同じ無礼な振る舞いを繰り返すときには、もっとぞんざいな言い方で要求してもかまいません。

　米国には、先輩・後輩を区別する習慣がないので、学生が相手の学年に応じて態度や言葉遣いを変えるということは、あまりありません。実際のところ、初対面のときに、相手が何年生なのかわからず、気にもかけないことが多いものです。話しているうちに学年が判明することもありますが、そうなったからといって、ふつう、付き合い方が変わるわけではありません。もちろん、年下の学生が年上の学生にアドバイスを求めることはあるでしょう。でも、たいていは、それで言葉遣いを変えることはないのです。

Section 2

入学・履修登録・その他学内手続き

このセクションでは、入学や履修登録など、学内での諸手続きについてアドバイザーなどと話す際に役立つ頻出キーフレーズを紹介します。

　大学はひとつの大きな組織です。そこに留学生として一定期間在籍して勉強するためには、制度にのっとったさまざまな手続きを踏むことが求められます。入学に関する手続きは admissions office（入学事務局）で、履修登録の手続きやアドバイスの要請は registrar's office（学務部）や international student office（留学生事務局）などの担当部署を訪れて行うことが多いようです。そうした部署の担当者と、自分の置かれた状況を踏まえて、しっかりと話ができなければなりません。

　ここでは、入学・卒業に関わる諸手続きや、学年・学期の初めに行う履修登録、単位や学位の取得に関する情報入手といった場面で役立つ頻出キーフレーズを取り上げ、意味や使い方のポイントを一つひとつ見ていきましょう。

会話やトークで役立つキーフレーズ

A: こんにちは。学位課程を来年に修了できればと思って
いまして、and I have some questions about how to
register for the classes I need to **graduate from**
my program. I'm **majoring in** politics.

B: So, do you need help **choosing courses**, それとも
単に登録の手伝いが？

A: 両方です。I know I need to **take a course** in statistics
for my major, ですが、統計学の授業がたくさんあり過ぎ
てちょっと混乱しています。それに、ほとんどに何らか
の必須要件があるので。

B: わかりました。OK, here's a list of **course descriptions**
for statistics courses. 私が今、赤で丸印を付けているも
が、履修するとあなたの専攻の要件を満たす単位を取得
できるものです。

photo: sshepard/iStockphoto

239 admissions office

入学事務局

----

admissions という複数形で「入学審査、入学手続き、入学人数」などの意味を表す。これらに関わる業務を担うのが admissions office である。

240 complete the admission procedures

入学手続きを取る

この complete は「〜を完了させる」の意味で、ここでは「全ての procedures（手続き）を終わらせる」というニュアンスで使われている。

241 entrance ceremony

入学式

----

enrollment ceremony とも言える。例文にあるように、動詞 attend（〜に出席する）と結び付いて用いられることが多い。

242 get in

選ばれる／合格する／入学する

この get in は自動詞句で、「（学校などに）入学する、（授業などへの）参加が許される」といった意味で用いられる。例文のように否定文で使われることが多い。

243 pay the enrollment fee

入学金を支払う

----

enrollment fee の代わりに、admission fee や entrance fee などのフレーズを用いることもできる。

I have some questions about the enrollment procedure, so I have to contact the **admissions office**.	入学手続きについていくつか質問があるので、入学事務局に連絡しなければなりません。
After receiving a letter of acceptance from the university, you have to **complete the admission procedures** within two weeks.	大学の合格通知を受け取ったあと、2週間以内に入学手続きを終える必要があります。
If you cannot attend the **entrance ceremony**, you must inform the student office of the reason for your absence.	入学式に出席できない場合には、必ず学生部へ欠席の理由を知らせてください。
I signed up for the beginning Spanish class, but I didn't **get in** because it's so popular with freshmen.	初級スペイン語の授業に申し込んだのですが、受講できませんでした。1年生の間でとても人気があるからです。
After I was notified of my acceptance, my parents **pay the enrollment fee** from their bank in Japan.	合格を知らされてから、私は家族と一緒に大学へ行って入学金を支払いました。

244 apply for a scholarship

奨学金を申請する

----

scholarship（奨学金）という語は、payment などと同様に「金銭の支払いのひとまとまり」という単位を指すので、このように a が付いたり複数形になったりする。

245 finance one's tuition

授業料を工面する

この finance は「〜（資金）を調達する」の意味で使われている。finance の代わりに come up with... というフレーズを用いることもできる。

246 follow instructions

指示に従う

この instructions は「指示、命令」の意味。原則的に、このように複数形で用いられる点に注意したい。

247 major in...

〜を専攻する

例えば「私は経済学を専攻しています」と言いたければ、この動詞句を使って I major in economics. とするか、名詞 major を用いて My major is economics. と言えばよい。

248 one's major

専攻分野／専攻

厳密には one's major field of study と言うが、ほとんどの場合、one's major だけで通じる。

I **applied for a scholarship**, and I'm waiting for the scholarship board's decision.

私は奨学金を申請して、奨学金審査委員会の決定を待っているところです。

I worked part-time jobs and did paid internships during vacations in order to **finance my tuition**.

私が休み中にアルバイトや有給のインターンをやったのは、授業料を工面するためでした。

Please **follow the instructions** of the academic office regarding leave of absence procedures.

休学の手続きについては、学務部の指示に従ってください。

If you are not sure what subject to **major in**, you should consult with the admissions office in advance.

どの分野を専攻するか決まっていない場合には、あらかじめ入学事務局に相談したほうがいいですよ。

A: Have you decided **your major**?

B: I've already decided to choose international sociology.

A：専攻を決めた？
B：国際社会学を専攻することにもう決めたわ。

249 choose courses

履修科目を選ぶ

----

course とは、「履修科目、履修の対象となる授業・講義」を表す。一定の履修期間内に設けられた授業や講義の全コマ数を、まとめて a course と呼ぶ。

250 course description

講義要項／授業要項

履修要覧などに示された、授業科目の内容説明のこと。course syllabus やclass description と呼ばれることもある。

251 degree requirements

学位取得要件

この requirements は「必要諸条件、要求事項」の意味で、原則的に複数形で用いられる点に注意。例文のように meet the degree requirements（学位取得要件を満たす）の形で用いられることが多い。

252 get by with...

～ですます／～で間に合わせる

このフレーズでは、with の後に金額や数量を表す語句がくることが多い。あるいは、I plan to get by with this old fridge until I graduate.（卒業まではこの古い冷蔵庫ですませるつもりだ）のような使い方もある。

253 placement test

クラス分け試験

この placement は「割り振り、クラス分け」の意味。例文のように take a placement test（クラス分けテストを受ける）や have a placement test（クラス分けテストがある）などの形でよく使われる。

When freshmen **choose courses**, they can get advice from older students living in their dorm.	1年生は、履修科目を選ぶに際して、同じ寮に暮らす上級生にアドバイスをもらえます。
The **course description** on the list is very general, so could you tell me a little more about it?	要覧に載っている講義要項はかなり大まかなので、もう少しそれについてお話ししていただけませんか。
I went to see my counselor to ask if I met the **degree requirements**.	担当のカウンセラーのところへ言って、自分が学位取得要件を満たしているか尋ねました。
My counselor told me that I can **get by with** three more credits this semester.	担当のカウンセラーによると、私は今学期、あと3単位取れば大丈夫だそうです。
Do you know we have to take an English **placement test** before classes start?	入学式の後で、英語のクラス分け試験を受けなければならないことを知っていますか。

254 register for classes

履修登録をする

- -

register for... は「〜に登録する」の意味。これの代わりに sign up for... というフレーズも使える。また、get enrolled と言っても「履修登録をする」の意味を表すことができる。

255 registration period

履修登録期間

- -

registration は「登録」という意味の一般的な名詞だが、大学の履修に関わる文脈ではもっぱら「履修登録」の意味で用いられる。

256 residency requirement

卒業に必要な最低取得単位数など

- -

卒業に必要な要件。単位数だけではなく、最低の在籍期間や学期数も含まれる。residency は「(社会へ出る前の)学生としての時期・身分」の意味を表す。residensy requirement は、この期間中に「求められる要件」という意味。

257 snap course

単位を取りやすい科目／楽勝科目

- -

この snap は、口語で「簡単なこと、楽な仕事」といった意味を表す。より俗語的だが、gut course と言ってもほぼ同じ意味。

258 take a course in...

〜の科目を履修する／〜に関する授業を取る

- -

この in の後には、研究分野や学問領域を表す語句が続く。course の代わりに class を使うこともできる。

Before we **register for classes**, we have an orientation week to find out which classes interest us the most.

履修登録をする前に、オリエンテーションウィークが設けられており、自分がどの科目に最も興味があるか判断できます。

You can't change courses after the **registration period**.

履修登録期間を過ぎると、科目を変更できません。

I have to take at least 125 credits to graduate, since that is one of the **residency requirement**.

私は卒業するのに少なくとも 125 単位を取らなければならず、それは最低取得単位数として定められています。

When a new semester begins, most students ask their friends about **snap courses** in order to get easy credits.

新学期が始まると、大半の学生が友だちに楽勝科目を尋ね、楽に単位を取ろうとします。

If you are majoring in international studies, you can **take a course in** linguistics for degree credit.

国際学を専攻しているなら、言語学関係の授業を取れば履修単位に加算することができますよ。

259 add a course

追加履修する

----

take a course なら「（科目を）履修する」の意味を表す。この take を add（〜を付け加える）に代えたフレーズ。

260 drop a course

履修をやめる

この drop は「〜を途中で（自分の意志で）やめる」という意味。成績不振などの理由で単位を「落とす」ことではない。

261 withdraw from a course

履修をやめる／単位を落とす

----

withdraw from... は「〜から離脱する」という意味のフレーズ。260 の drop と同様に、自らの意志で単位を落とす（履修をやめる）ことを表す。

262 complete a course

履修を完了する／コースを修了する

ある科目を決められた期間履修し、単位を取得することを表す。例文にある elective course は「選択科目」の意味。「必修科目」は compulsory course と言う。

263 earn credits

単位を取得する

----

earn の代わりに get もよく使われる。また、credit（単位）は、例文にあるように course credit の形で用いられることも多い。

I need to **add a course** to my schedule to meet the requirements for advancement.

私は進級の条件を満たすためにもう１科目受けなければなりません。

The statistics course I was taking this semester was too difficult for me, so I **dropped the course**.

今学期に取っていた統計学の授業が私には難しすぎたので、受けるのをやめました。

My friend **withdrew from this course**, because he was busy with club activities and didn't have time to study.

友人がこの授業を受けるのをやめたのは、クラブ活動で忙しくて勉強する時間がなかったからです。

I'm going to see my counselor to ask if I can graduate without **completing one of my elective courses**.

担当カウンセラーに会って、選択科目のひとつを修了しなくても卒業できるかどうか尋ねるつもりです。

The academic affairs office advises seniors to make sure they've **earned enough course credits** to graduate. I'll go there to confirm just in case.

学務部が４年生に向けて、卒業に必要なだけの単位を取得し終えているか確認するよう指導しています。念のために学務部へ確認に行くつもりです。

264 graduation thesis

卒業論文

diploma thesis や honors thesis という表現もあるが、graduation thesis が最も一般的。

265 academic transcript

成績表／成績証明書

transcript とは「写し、謄本」のこと。文脈上明確であれば、transcript だけでも「成績証明書」の意味を表せる。

266 complete one's degree

学位課程を修了する／学位を取得する

degree は「学位」の意味で、通例、bachelor's degree（[学部で取得する]学士号）と同義で用いられる。master's degree は「修士号」、doctoral degree は「博士号」。

267 excel in...

〜で優秀な成績を収める

「〜に秀でる」の意味のフレーズで、学業の文脈では成績優秀であることを表す。例文にある honor roll は「成績優秀者名簿」のことで、米国の高校や大学では学期ごとにこの種の名簿が作られることが多い。

268 grade point average

成績平均点／成績平均値

米国の学校には、A・B・C などで付けられた成績を数値換算し、その平均値を出すシステムが設けられている。その平均値が grade point average だ。GPA と略記される。

I have earned enough credits to graduate, so I just need to submit my **graduation thesis** in January.

卒業に必要な単位は取得ずみなので、あとは1月に卒業論文を提出すればいいだけです。

I have to go to the administrative office to get my **academic transcript**, because I have to submit it to a company I'm applying to.

大学事務局に行って成績証明書を取ってこなければなりません。応募している企業に提出しなければならないので。

After I **complete my bachelor's degree**, I want to go on to graduate school, so I'd like to ask you about graduate school conditions and scholarships.

学士号を取得した後、大学院に進みたいと思っています。それで大学院進学についての条件と奨学金について質問したいのですが。

I was listed on the honor roll because I **excelled in** my math classes in the first semester.

私が成績優秀者名簿に載ったのは、前期の数学の授業で成績が良かったからです。

Students who are on a varsity sports team and have a **grade point average** of 3.8 or higher receive recognition from the state government.

スポーツの代表チームに所属していて、平均評点（GPA）が3.8以上の学生は、州政府から認定を受けられます。

269 high achiever

成績優秀者

(a) student with good grades のような説明的な表現に置き換えることも可能だ。例文中の honors class とは、成績優秀者向けの「上級クラス」のこと。

270 earn a degree

学位を取得する／学位を受ける

----

earn の代わりに take も使える。また、266 の complete one's degree で言い換えることも可能だ。

271 commencement ceremony

卒業式

----

graduation ceremony とも言う。commencement だけでも「卒業式」の意味になる。commencement とは本来「開始」を表す語で、「学校の卒業は人生の始まり」という意味が込められている。

272 graduate from...

～を卒業する／～を修了する

他動詞の graduate を受動態で用いて、be graduated from... としても同様の意味になる。

273 receive one's diploma

卒業証書をもらう

----

receive の代わりに get を使うこともできる。diploma（卒業証書）は (graduation) certificate とも呼ばれる。

High achievers are encouraged to take honors classes in their major subject.

成績優秀者たちは、専攻科目で上級クラスを履修するよう奨励されます。

After I **earn a degree** in economics, I'm going to return to Japan and find a job.I want to join a trading company.

私は経済学の学位を取ったら日本に戻り仕事を探します。貿易商社に入りたいと思っています。

Every year a company CEO or celebrity gives a speech at the **commencement ceremony**. Do you know who's going to give the commencement speech this time?

毎年、企業の CEO や著名人が卒業式でスピーチします。今度は誰が卒業式のスピーチをするか知っていますか。

I **graduated from** Georgetown University School of Law, and now I'm studying for the bar exam. What do you plan to do after graduating from college?

私はジョージタウン大学の法科大学院を卒業して、今、司法試験へ向けて勉強中です。あなたは大学を卒業したら、何をするつもりですか。

When I **received my diploma** at the commencement ceremony, my four years of university life seemed to flash before my eyes.

卒業式で卒業証書を受け取ったとき、4 年間の大学生活が目の前をよぎっていくようでした。

履修科目について相談する　A：女子学生　B：学務事務員

A: Hello. I'm hoping to **complete my degree** next year, and I have some questions about how to **register for the classes** I need to **graduate from** my program. I'm **majoring in** politics.

B: So, do you need help **choosing courses**, or just help with registering?

A: Both. I know I need to **take a course in** statistics for my major, but there are so many statistics courses that it's kind of confusing. And most of them have some requirements.

B: I see. OK, here's a list of **course descriptions** for statistics courses. The ones I am circling in red can be taken to **earn credits** to meet your major requirements.

A: That's great, thank you! And how do I register for the ones that require instructor approval?

B: Check our website and **follow the instructions**. I'll write the link at the bottom of this list.

A: Thank you so much.

B: No problem. If you have any other questions about signing up for courses, let me know.

訳 A: こんにちは。学位課程を来年に修了できればと思っていまして、自分の過程を修了するための履修登録の仕方について質問があるのですが。専攻は政治学です。

B: すると、履修科目を選ぶ手伝いが必要ですか、それとも単に登録の手伝いが？

A: 両方です。自分の専攻向けに統計学を履修する必要があることはわかってるんですが、統計学の授業がたくさんあり過ぎてちょっと混乱しています。それに、ほとんどに何らかの必須要件があるので。

B: わかりました。じゃあ、これが統計学の授業の講義要項一覧です。赤で丸印を付けているのが、履修するとあなたの専攻の要件を満たす単位を取得できるものです。

A: それは助かります、ありがとうございます！　それで、講師の先生の承認が必要なものはどうやって登録すればいいんですか。

B: 大学のウェブサイトを見て、指示に従ってください。この一覧表の下にリンクアドレスを書いておきます。

A: どうもありがとうございます。

B: どういたしまして。何か他に、履修登録について質問があれば、連絡してください。

キーフレーズをチェック！

complete one's degree
学位課程を修了する → [266]

register for classes
履修登録をする → [254]

graduate from...
〜を修了する → [272]

major in...
〜を専攻する → [247]

choose courses
履修科目を選ぶ → [249]

take a course in...
〜の科目を履修する → [258]

course description
講義要項／授業要項 → [250]

earn credits
単位を取得する → [263]

follow instructions
指示に従う → [246]

コラム 「体験的」留学英語作法 **3**

声のトーンを上ずらせない

平田久子（ライター）

　英語を話す際に、個々の単語の発音や文法には気を配る一方で、忘れてしまいがちなのが声のトーンです。単に語学力不足からの緊張のせいであっても、声を上ずらせて話していると、「子どもっぽい」「落ち着きがない」と誤解されるものです。英語が上達した後も、声を上ずらせたままでいて、その声の調子が自分にとっての「英語を話すときの声」として定着してしまうのも、決してよろしくありません。

　留学先では、大柄な欧米諸国やアフリカの出身者だけでなく、顔立ちなどが大人びて見える中東や中央アジア・西アジアといった地域からやって来た人々とも一緒に勉強します。東アジアの出身者は誰でも、自分たちの外見の子どもっぽさを、ことあるごとに思い知らされます。そして声のトーンが高いと、ますます幼く見られてしまうものです。

　「27歳なのに大学生だと思われた」といったエピソードは、観光旅行でのひとコマであれば、無邪気な笑い話です。しかし、留学先での研究や討論の場で「坊ちゃん・嬢ちゃん」といった印象を持たれてしまっては、プラスにも笑い事にもなりません。

　特に要注意なのが女性です。わが国の文化では、女性の声は高めが良しとされていて、日本の女性はふだんから声を高く設定する傾向があります（ご自分のお母さんの電話での声を思い浮かべてください）。低めの声で話していると「感じが悪い」と批判される可能性を否めないせいで、知らぬ間に皆、そう仕向けられているのです。

　欧米社会においては、女性が地声よりも明らかに高い声でしゃべると、「異性にこびを売っている」「若さを武器にしようとしている」といった疑念を持たれてしまうことはあっても、肯定的に受け止めてもらえる要素は見当たりません。男性も女性も、大学生として、大人として、内面的な落ち着きや成熟度を表現したいと望むのであれば、英語や専門分野の勉強にいそしむかたわらで、声を上ずらせないよう意識してはいかがでしょうか。

　私事を申しますと、講演や司会の仕事を請け負う際、英語で行うときには地声で、日本語ではわずかに高めで、と声のトーンを使い分けています。

「肩書き＋名字」で呼ぶか、「名前」で呼ぶか

ソニア・マーシャル（編集者）

米国の学生は、ふつう大学の先生を Professor Jones（ジョーンズ教授）や Doctor Jones（ジョーンズ博士）のように呼びます。中には、とても気さくな教授もいて、学生たちに You can call me Bob.（ボブと呼んでくれていいよ）などと言うこともありますが、そのように言われない限り、教授をファーストネームで呼ぶべきではありません。また、教授と話すときには、友だちと話すときよりも少していねいな言葉遣いにしたほうがいいでしょう。例えば、パーティーの席では、Do you want something to drink?（何か飲み物が欲しい？）ではなく、**Would you like something to drink?**（何か飲み物はいかがですか）と言うのがいいかもしれません。

職場では、皆、同僚に対してよりも上司に対してのほうが、少しフォーマルでていねいな言葉を使います。特に、職場に入りたての頃にはそうです。とはいえ、米国の職場の多くが大変カジュアルで、たいていの人が上司をファーストネームで呼んでいます。これは職場によって違うこともあるので、その職場特有の「風土」や、従業員たちが互いにどのように話しているかに注意を払うよう心がけてください。

ある職場に一定の期間、勤めるようになったら、自分の上司に、例えば **Do you prefer being called Ms. Smith or Mary?**（スミスさんとお呼びするほうがいいでしょうか、それともメアリーのほうがいいですか）と聞いてみてもいいでしょう。たとえ、本人がメアリーと呼ばれたがっていることがわかっていても、いったん尋ねるほうが礼儀にかなっています。

それから、人に何かを頼むときには、礼儀正しくすることが大切です。相手が大学の教授や職場の上司の場合だけでなく、クラスメートや友人の場合でも同じです。命令形を用いると、ふつうは失礼に聞こえます。please を付けても、その点は変わりません。

例えば、友人に向かって It's raining hard. Please give me a ride home.（雨がひどいわ。家まで車に乗せてって）と言うと、友人はいら立ったり、場合によっては立腹したりするかもしれません。命令されているように聞こえるからです。人に何かを頼むときには、疑問形を用いるのが最善策です。もし **It's raining hard. Do you think you could give me a ride home?**（雨がひどいわ。家まで車で送ってもらえるかしら？）と言えば、相手はあなたが気を使ってくれていると感じて、頼みを聞き入れようという気持ちが強くなるでしょう。

Section 3

銀行・公共料金・配送などの手続き

このセクションでは、キャンパスから一歩出て、銀行に口座を開いて出入金の手続きを取ったり、荷物の配送を依頼したりするときなどに役立つ頻出キーフレーズを紹介します。

　留学中は寮生活を含めて大学のキャンパス内で過ごす時間が多いことでしょう。とはいえ、当然ながら、滞在先のコミュニティーで、一般の地域住民と同じように社会生活も経験することになります。そんな中で、食事や買い物や娯楽などと並んで重要かつ避けて通れないのが、銀行などの金融機関での諸手続きや、公共料金などの支払手続き、そして遠く離れた故郷の日本へ荷物や郵便物を送ったり、届いた荷物を受け取ったりするときの手続きです。

　ここでは、金融機関の窓口での手続きや関連事項の電話でのやり取り、さらには郵便局や配送業者とのやり取りを行う際に役に立つ頻出キーフレーズを取り上げ、意味や使いどころを見ていきましょう。

会話やトークで役立つキーフレーズ

A: おはようございます。 I want to **send this package express** to my home country.

B: かしこまりました。問題なさそうですが、but first you need to **fill out** a customs form.

A: ああ、ここに持ってきています。いくつか割れ物が中に入っているので、so it needs to be **handled with care**.

B:「割れ物」のシールを箱に貼っておきますので、大丈夫なはずです。合計で107ドル54セントです。Do you want to **track your parcel** with e-mail updates?

A: えー、それは高い！ Can I **ship it COD**?

B: いいえ、それは荷物を海外へ送る際には選べないんです。

274 open a bank account

銀行口座を開設する

---

open の代わりに build up... や set up... といった句動詞を用いることもできる。文脈によっては have a bank account という形も使える。

275 initial deposit

口座開設時の預け入れ金／頭金

---

deposit は、ここでは銀行口座などへの「預け入れ金」を指す。ローン・分割払いの「頭金」は down payment と言う。

276 savings account

普通預金口座

---

savings は「預貯金」の意味で、この意味では必ず複数形で使われる。savings account は、イギリス英語だと「定期預金口座」を指すことがあるので注意。

277 (bank) transfer fee

振込手数料

(bank) transfer は「振り込み、送金」の意味。日本語では、同一銀行同一支店内の別口座へ資金を移動させることを「振替」と言うが、英語ではこれも transfer で表現する。

278 bank balance

銀行預金残高

この balance は「(収支の) 差額」を表している。「残高がゼロ (マイナス) で」あることは (be) overdrawn と言う。

I have to **open a bank account** at one of the banks designated by the university. Which bank is most convenient?

大学から指定された銀行のうちのどれかに口座を開設しなければなりません。どの銀行が一番便利でしょうか。

I'd like to open a bank acount. Is an **initial deposit** of one dollar OK?

口座を開きたいと思っています。最初の預け入れ金は、1ドルで大丈夫ですか。

My salary from my part-time cafeteria job is transferred to my **savings account**.

カフェテリアでのアルバイトの給料は、普通預金口座に振り込まれています。

Remember that you will be charged a **transfer fee** if you make a transfer to an account at a different bank.

覚えておいてください、別の銀行の口座へ振り込む場合には振込手数料を取られますよ。

I need to check my **bank balance**. Last month I did a lot of shopping with my credit card, so I think I'd have a big bill.

銀行の残高を調べなければなりません。先月、クレジットカードでたくさん買い物をしたので、大きな請求があると思います。

279 check one's balance

残高を照会する

- -

278 にもあるように、この balance は「(収支の) 差額」のことで、すなわち「口座の残高」を表す。「残高照会」という名詞表現には balance inquiry というフレーズを充てる。

280 enter one's PIN

暗証番号を入力する

- -

PIN は personal identification number（個人識別番号）の頭文字を取ったもので、キャッシュカードなどの「暗証番号」を指す。

281 make a deposit

預金する／入金する

- -

日本語の「預金する」と「入金する」は意味が異なるが、英語では make a deposit でどちらも表せる。

282 wire transfer

電信送金

- -

wire transfer とは、ある銀行から別の銀行への送金手続きを、仲介するネットワークなどを使わずに、当事者の 2 銀行間で直接行う仕組み。「電信送金する」は make a wire transfer と言う。

283 update one's bankbook

記帳する／預金通帳に記録する

- -

bankbook は「銀行の預金通帳」。update は「～（の情報）を更新する」という意味の動詞。「通帳の情報を更新する」という言い方で「記帳する」ことを表現する。

At the end of each month, I check my balance to see how much I spent.

月末ごとに、残高を調べて、自分がどれだけ使ったか確かめています。

After I entered my PIN, I realized it was wrong.

暗証番号を入力した後で、間違っていることに気づきました。

I have to make a deposit into the university bank account to pay the additional course fees by the end of this month.

今月末までに、大学の銀行口座へ入金して、追加の授業料を払わなければなりません。

I think a wire transfer is the best way to make an international payment.

国外への支払いには電信送金が一番良い方法だと思います。

When I make a deposit or withdrawal, I update my bankbook as soon as possible to keep track of my money.

預金したりお金を引き出したりしたら、なるべく早く記帳して、自分のお金の出入りを把握しています。

キーフレーズ 284 - 288　🔊 file 067

284 **withdraw money**

お金を引き出す／お金を下ろす

----

withdraw money from my bank account のように、from を付けて引き出し元を明示する形で使われることも多い。

285 **close one's (bank) account**

銀行口座を解約する

口座を「解約する」には close を用い、「開く」には open を使う。

286 **fill out...**

～（書類など）に書き込む

----

fill in... でも、ほぼ同じ意味を表すことができる。fill out... だと、書式の記入欄を「完全に埋める」といったニュアンスがある。

287 **pay by debit card**

デビットカードで支払う

----

pay by...（～で支払う）は、支払手段を表す定型フレーズ。by の後の手段を表す語句には、このように冠詞が付かない。

288 **show one's ID**

身分証明書を提示する

----

show の代わりに present も使える。ID（身分証明書）は identity card または identification の略語。ID の形でごく一般的に用いられる。

I've been trying to use a card for everything, but sometimes I have to **withdraw money** since there are still stores that only take cash.

どんなものにもカードを使って支払うようにしているのですが、時には現金を引き出さなければなりません。現金しか受け付けない店がまだあるからです。

I want to open an account at a different branch. Could you tell me how to **close my account** here?

別の支店に口座を開きたいのです。ここの口座の解約方法を教えていただけますか。

To ship this package overseas, you have to **fill out** an international transport form.

この荷物を海外へ発送するには、国際貨物輸送伝票に記入する必要があります。

When I buy something online, I **pay by debit card**, since I find it easier to manage my money that way.

何かをオンラインで買うときには、デビットカードで支払います。そうするほうが自分のお金を管理するのが簡単ですから。

You have to **show your ID** when applying for a credit card.

クレジットカードを申し込むときには、身分証明証を提示しなければなりません。

289 **utility bills**

公共料金／光熱費

----

utilities という1語（複数形）でも、同じ意味を表すことができる。この bill は「請求書、請求料金」の意味。

290 **debit A from B**

A を B から引き落とす

この debit は、もともと「〜を借方に記入する」という会計用語。A from B の形を従えると「〜を引き落とす」の意味になる。

291 **automatic withdrawal**

自動引き落とし

----

withdrawal は動詞 withdraw（〜を引き落とす）の名詞形。フレーズ全体を automatic bank debit と言い換えることもできる。

292 **pay the postage fee**

郵便料金を支払う／送料を支払う

----

postage fee は「(郵)送料」の意味。postage だけでも、同じ意味を表せる。切手を貼ってポストに投函できないほどの大きさをのものを送るときに支払うのは shipping fee（配送料）。

293 **put... in a mailbox**

〜を投函する

----

put の代わりに drop や place を使うこともできる。mailbox は「郵便ポスト」の意味でも、家屋や建物に設けられた「郵便受け」の意味でも用いられる。

Be sure to pay your **utility bills** every month. There are students who have their electricity or gas cut off.	必ず公共料金を毎月支払ってください。電気やガスを止められてしまう学生がいます。
My tuition fees for this semester have been **debited from** my account.	今学期の授業料は、私の口座から引き落とされています。
I recommend paying utility bills by **automatic withdrawal**, so you don't forget to pay.	公共料金の自動引き落としによる支払いをすすめます。そうすれば支払いを忘れることはありません。
Please **pay the postage fee** together with the cost of the item.	品物の代金と一緒に送料も払ってください。
I **put the letter in a mailbox** last week, but it was returned because I wrote the address wrong.	手紙を先週投函したのですが、宛先を間違って書いたので戻ってきてしまいました。

294 send... a package by courier

〜に宅配便で荷物を送る

----

courier または courier service は、いわゆる「宅配便」を表す最も一般的な語句だが、他にも door-to-door delivery service や home-delivery service、package-delivery service など、さまざまな表現が使われる。

295 send... by mail

〜を郵送する

このフレーズ全体を、他動詞 mail（〜を郵送する）の1語で言い換えることも可能だ。

296 send... express

〜を速達便で送る

この express は「速達便で、急行で」という意味の副詞。「〜を書留で送る」は send... by registered mail と言う。

297 ship... COD

〜を着払いで発送する

----

ship の代わりに send も使える。COD は、cash on delivery（着払い［で］、代金引換払い［で］）の頭文字を取った略語。

298 stamp the envelope

封筒に切手を貼る

この stamp は、「〜に切手を貼る」という意味の動詞。名詞の stamp を使って put a stamp on the envelope と言うこともできる。

I **sent my friend a package by courier** last week, but for some reason it hasn't arrived yet.

先週、友人に荷物を宅配便で送ったのですが、なぜかまだ届いていません。

Can I **send this by mail**? I don't know if it meets the size regulations.

これを郵送できますか。規格内の大きさかどうかわからないのです。

I want to **send my job application express** to make sure I meet the deadline.

必ず締め切りに間に合うように、求人応募書類を速達で送りたいのです。

Shipping this item COD is not an available option. Advance payment by credit card is required.

この品物を着払いで送ることはできません。クレジットカードで先払いしていただく必要があります。

Please **stamp the envelope** in the upper right corner.

封筒の右上の角に切手を貼ってください。

299 handle... with care

～を注意して取り扱う

このフレーズを元にした Handle with Care（取り扱い注意）という表示が、荷物の表面などによく見られる。

300 track one's parcel

荷物を追跡する

この track は、「～の跡をつける、～を追跡する」という意味の動詞。tracking service や package tracking と言えば、荷物の「追跡サービス」の意味。

301 forwarding address

転送先住所

----

forwarding（転送先、転送の）は、「～（荷物や郵便物、メールなど）を転送する」の意味の動詞 forward が元になっている。

302 missed-delivery notice

不在配達票

----

delivery notice だけでも同じ意味を表すことがある。また、missed-delivery の代わりに non-delivery という表現を使うこともできる。

There are some fragile items in this box, so please **handle it with care**.

この箱にはいくつか割れ物が入っているので、取り扱いに注意してください。

If you purchase items online, you can **track your parcel** until it arrives.

商品をオンラインで買えば、到着するまで荷物を追跡できます。

I plan to move next Sunday. So I have to register my **forwarding address** with the post office.

来週の日曜日に引っ越す予定です。それで転送先の住所を郵便局に届け出る必要があります。

I got a **missed-delivery notice** tonight. Could I ask for redelivery tomorrow morning?

不在配達票が今夜、入っていました。明日の朝、再配達していただけますか。

荷物を日本に送る　A：女子学生　B：配送業者

A: Good morning. I want to **send this package express** to Japan.

B: All right. It looks good, but first you need to **fill out** a customs form.

A: Oh, I have one right here. There are some fragile items inside, so it needs to **be handled with care**.

B: I'll put a "Fragile" sticker on the package, so it should be OK. The total comes to $107.54. Do you want to **track your parcel** with e-mail updates?

A: Wow, that's expensive! Can I **ship it COD**?

B: No, that isn't an option when sending packages overseas.

A: I see. Anyway, yes, I would like parcel tracking by e-mail.

B: OK, I will set that up for you now.

A: Thank you. And one last question. Will you deliver it directly to the recipient?

B: It will be delivered directly, but not by us. It will be handed over to a different courier after arriving in Japan.

訳　A: おはようございます。この荷物を速達便で日本へ送りたいんですが。

B: かしこまりました。問題なさそうですが、まずは通関書類に記入していただく必要があります。

A: ああ、ここに持ってきています。いくつか割れ物が中に入っているので、取り扱いに注意していただかないといけません。

B:「割れ物」のシールを箱に貼っておきますので、大丈夫なはずです。合計で107 ドル 54 セントです。メールで逐次、荷物を追跡したいですか。

A: えー、それは高い！　着払いで送れますか。

B: いいえ、それは荷物を海外へ送る際には選べないんです。

A: わかりました。いずれにせよ、はい、荷物をメールで追跡したいと思います。

B: 承知しました、今、設定します。

A: ありがとうございます。あと、最後にひとつ質問です。これは受取人まで直接配送されるのですか。

B: 直送されますが、当社の手では行われません。日本に着いてから別の配送業者に引き継がれるのです。

✂⋯ **キーフレーズをチェック！**

send... express
〜を速達便で送る → [296]

fill out...
〜（書類など）に書き込む → [286]

handle... with care
〜を注意して取り扱う → [299]

track one's parcel
荷物を追跡する → [300]

ship... COD
〜を着払いで発送する → [297]

LとRが混在する名前の人と親しくなれる？

平田久子（ライター）

　日本人が英語を学ぶ上での苦労のひとつが、LとRの発音です。THと並ぶ、もしくはそれ以上の高難度ですね。私には、留学の初期に palace（宮殿）という単語が正しく発音できなくて、悔しい思いをした思い出があります。LとRの音をそれなりに発音し分けられると自負していた私でしたが、とっさにつづりが思い出せなかったせいで、parace という感じに発音してしまったのです。

　相手は「？？？」という顔つきで、Sorry, but I don't understand what you are saying.（悪いけど、何言っているのかわからないよ）と困惑するだけ。私は焦るばかりで、周囲には「ち〜ん」という擬音が響き渡りそうな気まずさが広がりました。「レ」の部分がまずいだけで、「パ」も「ス」も正確に発音できているのだから、推測してくれてもいいじゃないか、とこちらは逆恨み状態。しかし、日本人なら推測が可能かもしませんが、ネイティブスピーカーたちは一向に期待に応じてはくれません。音に対する意識の違いとは、そういうものなのです。

　他の単語に差し替えることで、発音しにくい単語を回避することは、ある程度可能です。例えば、realize と発音しづらかったら notice と言い換えるといった具合に。けれど、個人の名前については工夫の余地がありません。例えば、レイとレニーという男の子の名前は、日本語の感覚だと近い気がしますが、英語でつづれば Ray と Lenny。つづりも発音も、結構かけ離れています。

　今の時代、LとRとどっちだっけ？と悩むときには、とっさに携帯電話やタブレットをつかみ、言いたい単語や名前のつづりを確認できるという強みがあります。そのようなとっさの技が使えても、LとRが共存している単語となると、「文字で確認したところで必ず発音できるとは限らない」という悪夢のような事態が生じます。例えば、Laura と Lauren。両方とも、私が留学していた当時のアメリカでは、とてもポピュラーな女の子の名前でした。男の子には、Lawrence や Larry がいましたっけ。クラスや寮で、そうした名前の学生を見つけると、近い距離の関係になったらつらいなあ、と内心ビビリまくったものでした。

相手に与える負担の大きさに応じて、頼むときのていねいさの度合いを変える

スティーブン・ウルエタ（大学講師）

米国の大学で人と付き合っていくにあたっては、守るべき基本的な礼儀正しさというものがあります。これは相手の立場いかんによりません。ちょっとしたことを頼むとき、例えばペンを借りたり、カフェテリアで食べ物を選んだり、簡単なことを尋ねたりする場合には、ただ **Could you...?**（～していただけますか）と言えば問題ありません。

もう少し労力が必要になることを頼む場合、例えば、教授に推薦状を依頼したり、課題について詳細なコメントを求めたりする場合には、通例、もっとていねいな言葉遣いをしたほうがいいでしょう。つまり、**Would it be possible for you to do...?**（～するのは可能でしょうか）や **Could you possibly do...?**（～していただくことはできますか）などを使うと、状況にぴったり当てはまります。もちろん、相手が親しい学生の友人であれば、これよりもはるかにカジュアルな言葉遣いになるでしょう。

個人的な経験から言うと、米国の学生は、日本の学生ほど年齢的な上下関係を気にしません。私が所属していた米国の大学のクラブでは、2年生が部長を務めており、その学生が4年生や、場合によっては5年生の面倒も見ていました。チームの監督は現職の弁護士でしたが、皆その人に、他の部員たちと全く同じように接していました。つまり、自分が1、2年生であっても、格別注意を払う必要などないのです。裏返せば、自分が4年生になったからと言って特に敬意を払ってもらえるわけではない、ということです。

もうひとつ大切なのは、人の適切な呼び方を覚えておくことです。教授に対しては、必ず「肩書と姓」を使って呼び掛けましょう。例えば、Professor Green や Prof. Green（グリーン教授）という具合です。職位の高い人については、肩書を調べた上で、それを使うように心掛けてください。例えば Dean Kelly（ケリー学部長）や Provost Walton（ウォルトン副学長）などです。

一方で、学生たちの間では、よく、そういう人たちにあだ名が付けられています。私のクラスの全学生が、当時の学長を Babs と呼んでいました。学長を本名で呼ぶ人はいませんでした。

もちろん、たいていの人が、留学生がこうした事情に精通していないことをわかっているので、間違いを犯しても気にしないでしょう。だから、心配は無用です。そして皆、あなたが努力すれば、それを評価してくれるはずです。

Section 4

パーティー & 学内イベント

このセクションでは、学生同士の気軽なパーティーから、大学主催で開催される大きなイベントまで、さまざまな社交の場で役立つ頻出キーフレーズを紹介します。

　日本での大学生活と同様に、海外の留学先でも学生寮や授業・講義、クラブ活動などの単位で、パーティーや親睦会のたぐいが催されることは少なくありません。また、大学や学部が主催する、学生や教職員・卒業生までをも巻き込むような大掛かりな集まりが開かれることもあります。留学生にとって、そうした場は、人脈を広げたり幅広い情報交換を行ったりする機会であるばかりか、何よりも英語でのコミュニケーション力を拡充する絶好のチャンスと言えるでしょう。積極的に参加するよう、心掛けたいものです。

　ここでは、パーティーやイベントなどの会場で、親しい人と雑談したり、初対面の人とあいさつを交わしたり、人を紹介し合ったりする場面で役に立つさまざまなキーフレーズを取り上げ、その意味や使いどころを見ていきましょう。

会話やトークで役立つキーフレーズ

A: あら、キース。Let me **introduce you to Mehmet**. キースは私の友だちで、経済学の授業も一緒に取ってるのよ。

B: 初めまして。

C: 初めまして。そう言えば、I just **had a chat** with Professor Hilson.

B: 本当？　教授がここに来てるとは知らなかった！　今日、病欠するって言っちゃったんだ、課題の提出日を延ばしてもらうためにね。I'm going to **leave early**, 彼に見つかる前に。

A: わかったわ。じゃあ、授業でね。

B: **Have fun**, guys.

C: 会えてよかったよ、メフメット。

303 receive an invitation

招待される／招待状をもらう

この invitation は「招待状」の意味。be invited という形でも、同じことを表現できる。例文にあるように、to... で何に招待されているかを言い表すことができる。

304 throw a party

パーティーを催す／パーティーを開く

throw の代わりに、give、have、hold を用いることも可能だ。この場合のthrow と give は、have や hold に比べて口語的である。

305 buffet party

立食パーティー

いわゆる「ビュッフェ形式」のパーティーをこう表現する。buffet は「ブフェイ」または「バフェイ」のように発音されるので注意。

306 potluck party

持ち寄りパーティー

potluck party とは、参加者がそれぞれ料理や飲食物を持ち寄って開く、カジュアルなパーティーのこと。寮の部屋や共有スペースなどで、学生がよくこの種のパーティーを開く。

307 attendance fee

参加費／会費

participation fee とも言える。fee は 1 回分の支払いを表すので、例文のように a(n) を付けるか複数形で用いられることが多い。例文中の homecoming party は、年に 1 回、卒業生や教職員経験者らを招いて行うパーティー。

Freshmen **received invitations** from seniors to the dorm's welcome party.

1年生は4年生から、寮の歓迎会へ招待されました。

We are planning to **throw a party** for seniors and professors before graduation.

4年生が卒業する前に4年生と教授たちのためにパーティーを催そうと計画しています。

The dean will attend the next **buffet party**, so please be sure to abide by the dress code.

学部長が今度の立食パーティーに出席する予定ですので、必ず服装規定を守ってください。

My friend and I cooked some Japanese dishes to take to the **potluck party**.

友人と私で和食を作って、持ち寄りパーティーに持っていきました。

Students at this university don't need to pay an **attendance fee** for the homecoming party.

本学の在校生は、ホームカミングパーティーの参加費を支払う必要はありません。

308 **dress up**

着飾る／おしゃれする

類似の表現に fix up がある。こちらは「身なりを整える、正装する」といったニュアンスで使われる。

309 **take part in...**

〜に参加する／〜に出席する

---

join や participate in... と言っても、ほぼ同じ意味を表せる。比較的フォーマルな会合などに「参加する」ことを言い表すのであれば、動詞 attend を使うこともできる。

310 **deliver a speech**

あいさつする／式辞を述べる／スピーチする

---

deliver の代わりに give や make を用いても、同じ意味を表すことができる。例文中の as a representative of... は「〜を代表して」の意味。

311 **make a toast**

乾杯する

---

make の代わりに have を使うこともできる。また、make a toast to... の形をとると「〜を祝して乾杯する、〜に乾杯する」の意味になる。この意味では、drink to... や raise a glass to... などの表現も使われる。

312 **give someone a hand**

〜に拍手する

例文にあるように、hand を big や huge のような「大きな」の意味の形容詞で修飾することが多い。このフレーズは applaud（〜に拍手する）という動詞1語で言い換えることもできる。

Most people **dress up** for the Christmas party.	大半の人たちが、着飾ってクリスマスパーティーに来ます。
I **took part in** an international exchange event, because I want to get to know people from other countries.	私が国際交流イベントに参加したのは、他の国から来ている人たちと知り合いになりたいからです。
My friend **delivered a speech** at the home-coming reception as a representative of all the students.	私の友人が、ホームカミングパーティーで全学生を代表してあいさつをしました。
We are going to **make a toast** at the beginning of the party, so please get a drink before being seated.	パーティーの最初に乾杯をしますので、着席する前に飲み物をお取りください。
A famous singer performed at our homecoming party and we all **gave her a huge hand**.	有名な歌手が本学のホームカミングパーティーで歌い、私たちは皆、彼女に拍手喝采しました。

313 introduce oneself

自己紹介する

Let me introduce myself.（自己紹介させてください）や May I introduce myself?（自己紹介してもいいですか）といった形で用いられることが多い。

314 introduce A to B

A を B に紹介する

introduce の後に、us や them など複数の人を表す語句を続けると、「〜同士を引き合わせる」という意味になる。

315 shake hands with...

〜と握手する

握手するには 2 者の手が必要なことから、常に hands と複数形になる。ちなみに、「握手」を表す名詞は handshake という。

316 strike up a conversation

会話を始める／話しかける

strike up... は「〜を始める、〜の口火を切る」という意味の口語表現。これの代わりに start や open などを使うこともできる。

317 become closer

親しくなる

become close と、close を原級で用いることもできるが、比較級 closer を使うほうが一般的。become の代わりに get も使える。become closer to... の形をとると、to の後に、親しくなる相手を明示できる。

At the party we were all asked to **introduce ourselves** to the people sitting next to us.

パーティーで私たちはみんな、隣りに座っている人たちに自己紹介をするようにと言われました。

I **introduced** my boyfriend **to** my friend who happened to be attending the same event.

私はボーイフレンドを、たまたま同じ行事に参加していた友人に紹介しました。

At the commencement party, my friends and I **shook hands with** many professors and the university president.

卒業式で、友だちや私は多くの教授や学長と握手を交わしました。

To **strike up a conversation**, try asking what the person's major is.

会話のきっかけをつかむには、その人の専攻は何かを尋ねてみてください。

Students always **become closer** when they go on a field trip together.

学生たちが必ず親しくなるのが、一緒に学外学習に出かけたときです。

318 get acquainted with...

〜と知り合う／〜と親しくなる

----

get の代わりに become を用いても同じ意味を表すことができる。be acquainted with... と be 動詞を用いると、「〜と知り合いだ」の意味になる。

319 make friends with...

〜と親しくなる／〜と友だちになる

----

318 の get acquainted with... と似ているが、make friends with... のほうが相手との距離が近い感じがする。まず、get acquainted with...（知り合って）、そのあと、make friends with...（親しくなる）という順番。

320 enjoy oneself

楽しむ／楽しく過ごす

----

enjoy だけでも同様の意味を表すことができるが、enjoy は本来、ごく限られた場合を除いて他動詞として使われる語なので、このように目的語として oneself を用いるのが自然だ。

321 enjoy the company of...

〜と楽しく交流する

この company は「一緒にいること、交流、親交」といった意味を表す。the company of... と、必ず the を伴って使われる点に注意。

322 expand one's network

人脈を広げる

この network は「人的ネットワーク」すなわち「人脈」の意味。expand の代わりに、build や extend を使うこともできる。

My friend told me he **got acquainted with** his girlfriend at this party two years ago.	友人の話だと、彼がガールフレンドと知り合ったのは、2年前のこのパーティーの席だったそうです。
I went to an intercollege party, because I want to **make friends with** students at other universities.	私が大学間交流パーティーに行ったのは、他の大学の学生たちと友だちになりたいからです。
I was so glad to see you at the party. Did you **enjoy yourself**?	パーティーでお目にかかれてうれしかったです。楽しみましたか。
I **enjoyed the company of** everyone at my table. By the end of the party, it felt like we were all old friends.	同じテーブルの人たち全員と楽しく交流しました。パーティーが終わる頃には、みんな昔からの友人同士のように感じたほどです。
I want to **expand my network** here, because I only know a few people.	私はこの場で人脈を広げたいと思っています。ほんの数人しか知らないので。

323 **good listener**

聞き上手

非常に簡単な言い回しだが、知らないとなかなか口に出てこない。そして「話し上手」も、同じ発想で (a) good speaker と言える。

324 **have a chat**

雑談する／おしゃべりする

----

have a talkと言ってもいいが、chatを使うとカジュアルでとりとめもない「雑談、おしゃべり」を表すことができる。例文にあるように、with... を付けて雑談の相手を続けることが多い。

325 **have fun**

楽しむ

----

320 の enjoy oneself とほぼ同様に使えるフレーズ。この fun は「楽しみ」という意味の名詞なので、have a lot of fun（とても楽しむ）のように、a lot of... などの程度・量を表す形容詞（句）を付けて意味を強調する。

326 **help oneself to...**

〜を自由に取って飲食する

この to の後には、通例、飲食物を表す語句が続くが、computer や money など道具や金銭を表す語句を続けると、「〜を勝手に使う」というネガティブな意味が表現される。

327 **lead a conversation**

会話を主導する

----

lead の代わりに steer（〜を操る）や control が用いられることもあるが、やや硬い表現になる。例文中の what's being said とは、「話されていること」つまり「話題、話の内容」のこと。

When I meet new people, I try to be a **good listener** and not just talk about myself.

新しい人に会ったら、私は相手の話をしっかり聞きます。自分のことばかり話していては駄目なのです。

I haven't gotten to know him yet, so this is a good opportunity to **have a chat** with him.

私はまだ彼とは知り合いではないので、今回は彼とおしゃべりをするいい機会です。

How was your birthday party? Did you **have fun**?

あなたの誕生日パーティーはどうでしたか。楽しかったですか。

Please **help yourself to** food and drinks.

食べ物と飲み物を、ご自由にお取りください。

He is good at **leading a conversation** and involving everyone in what's being said.

彼は会話を主導して、皆を話に引き込むのが上手です。

328 make a joke

冗談を言う／ジョークを飛ばす

- -

make a joke と joke を単数形で使うと、「ひとつジョークを飛ばす」という意味を表すが、make jokes と joke を複数形で用いると、「あれこれ冗談を言う」という一般化された表現になる。

329 social drinker

付き合い程度に酒を飲む人

- -

この social は「社交上の」という意味。例文の前半の I'm just a social drinker. は、お酒を強く勧められて断るときに使える決まり文句のひとつ。

330 feel drunk

酔った気がする／酔った気分だ

- -

drunk は「（すっかり）酔った、酔っ払った」という意味の形容詞だが、feel と共に用いると「少し酔ったかもしれない」程度の感覚が表現される。

331 leave early

早めに切り上げる／早く帰る／途中退席する

- -

このフレーズは、状況・文脈によっていろいろな意味・ニュアンスで用いられるが、パーティーなどの場面で使われると「早めに場を立ち去る」ことを表す。

332 sober up

酔いがさめる

- -

sober him up（彼の酔いをさます）のように、他動詞句として使われることもある。sober は、「酔っていない、しらふの」という意味の形容詞としても用いられる。

He always **makes jokes** and keeps things fun.

彼はいつでも冗談を言って、楽しく場を持たせるのです。

I'm just a **social drinker,** because I have a low alcohol tolerance.

私は付き合い程度にしか飲まないのです、アルコールに弱いので。

If you **feel drunk**, you should have some water.

酔ってきたようなら、水を飲んだほうがいいですよ。

We all have class tomorrow morning, so let's **leave early** today.

私たちは皆、明日の朝、授業があるので、今日は早めに切り上げましょう。

Can I have some water to help me **sober up**?

水をもらえますか、酔いをさましたいので。

> **ポットラックパーティー** A：女子学生　B：男子学生①　C：男子学生②

A: Wow, this soup is delicious!

B: Yeah. I've never been to a **potluck party** before, but I'm really **enjoying myself**, and **helping myself to** a lot of great eats!

A: Me, too. Everything is so good. What did you bring?

B: Well, my family suggested that I cook traditional Turkish dishes, but I decided to make baked beans instead. It's my go-to dish.

C: Hi, Yukina. What are you up to?

A: Hi, Keith. Let me **introduce you to Mehmet**. Keith is a friend of mine, and he's also in our economics class.

B: Nice to meet you.

C: Nice to meet you, too. By the way, I just **had a chat** with Professor Hilson.

B: Really? I had no idea he was here! I told him I was sick today so I could ask for an extension on my assignment. I'm going to **leave early**, before he sees me.

A: All right. See you in class, then.

B: **Have fun,** guys.

C: Nice to meet you, Mehmet.

訳

A: わあ、このスープ、おいしいわ！

B: うん。僕はこれまで持ち寄りパーティーって出たことがなかったけど、とっても楽しいね。それに、おいしい食べ物がたくさんあるから自由に取って食べてるよ。

A: 私も。どれも、とてもおいしいわ。あなたは何を持ってきたの？

B: 実は、家族には伝統的なトルコ料理を作ったらって言われたんだけど、代わりにベークトビーンズ（インゲン豆のトマトソース煮）を作ったんだ。それが僕の鉄板料理だからね。

C: やあ、ユキナ。元気？

A: あら、キース。メフメットに紹介するわ。キースは私の友だちで、経済学の授業も一緒に取ってるのよ。

B: 初めまして。

C: 初めまして。そう言えば、ついさっきヒルソン教授と雑談したよ。

B: 本当？　教授がここに来てるとは知らなかった！　今日、病欠するって言っちゃったんだ、課題の提出日を延ばしてもらうためにね。僕、早めに帰ることにするよ、彼に見つかる前に。

A: わかったわ。じゃあ、授業でね。

B: 楽しんで、ふたりとも。

C: 会えてよかったよ、メフメット。

✂ **キーフレーズをチェック！**

potluck party
持ち寄りパーティー → [306]

enjoy oneself
楽しむ / 楽しく過ごす → [320]

help oneself to...
〜を自由に取って飲食する → [326]

introduce A to B
A を B に紹介する → [314]

have a chat
雑談する / おしゃべりする → [324]

leave early
早めに切り上げる / 早く帰る → [331]

have fun
楽しむ → [325]

米語と英語はここまで違う

平田久子（ライター）

　アメリカの英語とイギリスの英語では発音が違う、という事実は広く知られています。日本国内で聞こえてくる英語はたいていアメリカのものですから、イギリスや、イギリス英語に近い英語が使われるオーストラリア、ニュージーランドに留学した日本の学生は、戸惑いながら順応していくことになります。

　発音だけでなく、語句が異なるケースも結構あります。「ごみ箱」を例に挙げましょう。アメリカでは trash can、イギリスは rubbish bin です。「ガソリンスタンドに行列ができていた」と言う場合、アメリカでは「行列」を line と言いますが、イギリスでは queue [kjúː] です。また、「ガソリン」をアメリカでは gas と呼び、イギリスでは petrol と呼ぶ、といった違いがあります。

　インターネット検索すると、「英語と米語はこんなに違う」といったたぐいの情報がいろいろ見つかります。日常生活はスムーズに送るに限りますから、英連邦の国に留学予定の皆さんには、いくらか予習することをおすすめします。

　言葉選びの間違いや勘違いは笑いごとですんでくれ、と願うばかりですね。私の鉄板ネタは、恩師だったアメリカ人女性が大恥をかいた体験談です。

　彼女は、大学時代の1学期間、イギリスの家庭にホームステイしながら現地の大学へ通いました。ある晩、近所へ買い物に行くと言い出したホストファミリーの息子に、自分も一緒に行かせてほしいと頼み、Let me go to my room. と言って、ちょっと待っていてくれるよう引き止めました。「君の財布ならここにあるよ」という彼の言葉に、彼女は Let me go to my room and put my pants on. と返答。そのひと言に、居合わせたファミリー一同は凍りついてしまったのでした。

彼：You don't have your pants on?
彼女：No! Can't you see? I don't!

　アメリカでは、pants は「ズボン」を意味しますが、イギリスではそうとは言い切れません。スカート姿だったこのアメリカ人女性は、スカートの中に何もはいていないと勘違いされたことに気づかず、「わかんないの？　はいてないわよ！」と言い放ってしまったのでした。pants ではなく trousers と言えば、何ひとつ問題なかったはずなのですが……。

病気になったときに必要な表現

症状を伝える表現

体調が悪く症状を伝える場合、よく用いられるのは have です。ほかにも feel や be 動詞が用いられます。

● **have/feel を用いて症状を伝える表現**

I have ＋ a fever. 熱がある。
a chill. 寒気がする。
a cold. 風邪をひいている。
nausea. 吐き気がする。
a severe toothache. 歯がひどく痛い。
a sharp pain in my stomach. 胃に刺すような痛みがある。
a stomachache. 腹痛がする。
a terrible/throbbing/splitting headache
ひどい / ズキズキするような / 割れるような頭痛がする。

* 「〜に対するアレルギーがある」というときにも have を用いて、I have an allergy to egg.（卵に対するアレルギーがある）のように言える。

・**I feel ＋ [dizzy**（目まいがする）**/ feverish**（熱っぽい）
sick（気分が悪い）**/ dull**（体がだるい）**/ chilly**（寒気がする）**].**

● **症状を表すその他の表現**

・**I ache all over my body.** 体の節々が痛い。
・**I've lost a filling.** 歯の詰め物が取れてしまった。

病院に行ったときに必要な表現

● 初診であることを告げる

This is my first visit. 初診です。

● 紹介状を出す

I have a reference from other doctor. 紹介状を持ってきました。

● 病院で診断書をもらう

I want to claim this medical expense to my insurance company. Can I have the doctor's medical certificate?
保険会社に医療費の支払いを請求したいと思います。診断書をいただくことはできますか。

Section 5

アルバイト & インターンシップ

このセクションでは、留学先でアルバイトをしたり、実務経験を積むためにインターンシップに参加したりする際に役立つ頻出キーフレーズを紹介します。

　日本では、大学生がアルバイトをして稼ぐのはごく当たり前の話です。米国など、多くの英語圏の留学先でもそうした事情は同じですが、ほとんどの場合、学生ビザで渡航している留学生がアルバイトで稼ぐのは違法です。例外は、on-campus job と呼ばれる大学の学内アルバイトで、これなら学生ビザで留学中の学生でも雇ってもらえる場合があります。

　また、近年、日本でも一般化してきましたが、米国などでは自分の専攻分野で実務体験をするために社会経験を積むために企業や団体で研修生として働くインターンシップの制度が充実しています。インターンシップには無給のものと有給のものがあり、無給の制度なら留学生でもたいてい利用できます。

　ここでは、そうした留学中の就労・社会経験のチャンスを活用する際に役立つ頻出キーフレーズを見ていくことにしましょう。

会話やトークで役立つキーフレーズ

A: プログラムの説明によると、you can choose the area you want to **be assigned to**. You can also **arrange your schedule**, so 休みが取れる。

B: へえ！　本当だとは思えないほど素晴らしい。でも、do you think I'm **qualified for** it?

A: あると思うけど、you should check the notice on the **bulletin board** in the library to be sure.

B: 必ずそうするわ。I need to **gain experience** in nature conservation, 将来、私が夢見ている仕事に就くためにね。

A: ああ、言うのを忘れてた、the internship **is paid by the hour**.

B: ますますいいわね！　ありがとう、ヨシ！

photo: fizkes/iStockphoto

333 go job hunting

仕事を探す／求職活動する

look for work や hunt for a job など、同様の意味を表すフレーズは多い。job hunting を job-hunting とハイフン付きでつづると、「求職活動中の」という意味の形容詞になる。

334 job opening

欠員／求人

この opening は「空き」の意味。したがって job opening とは「仕事上の空き」すなわち「欠員、求人」のこと。

335 (job) placement office

就職指導室／職業指導部／就職課

placement には「就職のあっせん、職業の紹介」という意味がある。placement office には「職業安定所」の意味もある。

336 be employed part-time

アルバイトとして雇われる

この part-time は「非常勤で、アルバイトで」という意味の副詞。反意語は full-time で、「常勤で、正規雇用で」という意味を表す。

337 work part-time

非常勤で働く／アルバイトをする

この part-time は副詞だが、part-time を形容詞として用いて do some part-time work と言っても、同じ意味を表すことができる。

I'm interested in international cooperation, so I'm planning to **go job hunting** to find a job at an international organization or NGO.	国際協力に興味があるので、国際団体やNGOを対象に仕事を探そうと思っています。
If there is a **job opening** for a teacher's assistant this year, I would like to apply.	もし今年、教員補助の仕事に欠員があれば、応募したいと思っています。
My counselor recommended that I go to the **placement office** to have my résumé checked before submitting it to companies.	担当のカウンセラーがすすめてくれたのは、就職課へ出向いて、履歴書を添削してもらってから、それを企業に提出することです。
He**'s employed part-time** at a language school for elementary school students.	彼は小学生向けの語学学校でアルバイトとして雇われています。
My friend **works part-time** at a university library.	友人は、大学の図書館でアルバイトをしています。

338 internship program

インターン制度

internship は「インターン（実習生）としての身分、インターンとしての実習」を表す。internship program は特に米国では昔からある制度で、多くが無給だが、有給の場合もある。

339 take on...

〜（仕事など）を引き受ける

take on... はさまざまな意味を表すフレーズだが、仕事に関わる文脈では上記の意味で用いられることが多い。take on a challenging job（やりがいがある仕事に就く）のように「〜の仕事に就く」という意味で使われることもある。

340 work as...

〜の立場で働く／〜の仕事をする

この as の後には、職種や立場を表す語句が続く。work の代わりに act（振る舞う、活動する）や serve（勤める、仕える）を使うこともできる。

341 be cut out for...

〜に向いている

cut out とは本来、布地などを「切り出す」という意味で、be cut out for... は「用途に合わせた形・大きさに切り取られる」ということから、「〜に向いている」の意味で使われる。be suited for... とも言い換えられる。

342 hands-on experience

実務経験

hands-on は「現場の、実践的な」といった意味を表す形容詞。この hands-on は、firsthand や practical といった語で言い換えることも可能だ。

I heard the university introduces students to various companies that have **internship programs**.

大学が、インターンシッププログラムをもつさまざまな企業に学生を紹介している、と聞きました。

My friend **took on** a big job at the store where he works part-time.

私の友人は、アルバイトで働いている店で、大きな仕事を任されました。

I've been a cashier up to now, but I will start **working as** a kitchen manager next month.

今まではレジ係ですが、来月からは厨房の管理者として働き始めます。

The store manager told me **I'm cut out for** a sales position because I have a friendly manner.

店長の話では、私は愛想がいいので販売職に向いているそうです。

My friend encouraged me to do an internship because I can gain **hands-on experience** in the working world.

友人が私にインターンをするようすすめてくれたのは、仕事の世界で実務経験を積めるからです。

343 have experience

経験がある

- -

experience は、個々の具体的な「経験」を指す場合には可算名詞として扱われるが、このフレーズにあるように抽象概念としての「経験」を表すときには不可算名詞なので、a が付いたり複数形になったりしない。

344 work experience

就労経験／職歴

- -

job experience とも言える。また、work history や work record などのフレーズで言い換えられる場合もある。

345 work for...

～（企業など）で働く／～のために働く

- -

このフレーズには上のふたつの意味があるので、She works for ABC Company. と言うと、she が ABC Company の従業員である可能性と、部外者として仕事を引き受けているだけの可能性がある。

346 arrange one's schedule

スケジュールを調整する

- -

arrange の代わりに adjust を用いることもできる。複数の人のスケジュールを「すり合わせて調整する」ことを表現するのであれば、動詞 coordinate が使える。

347 organize one's time

時間をやりくりする

- -

organize の代わりに manage（～を管理する）を使うこともできる。time management と言えば「時間のやりくり」の意味の名詞句。

If you **have** more than a year of customer service **experience**, your initial hourly wage will be a little higher than indicated on the website.

もし１年を超える顧客サービスの経験があるなら、最初の時給はウェブサイトに記されている額よりも少し高くなるでしょう。

When you get a part-time job, the salary may be better if you have **work experience** in the same industry.

アルバイトをするとき、同じ業種で就労経験があると給料が割り増しされるかもしれません。

I'm corrently looking for an internship program at an embassy, because I want to **work for** the Ministry of Foreign Affairs in the future.

将来、外務省で働きたいので、今、大使館でのインターンシッププログラムを探しています。

I'll **arrange my schedule** to make sure I can work the morning shift this Friday.

私はスケジュールを調整して、間違いなく今週金曜日の午前中に勤務できるようにするつもりです。

When I was a freshman, I had many classes and had to work part-time, so it was hard to **organize my time**.

１年生の頃は、授業が多い上にアルバイトをしなければならず、時間のやりくりが大変でした。

348 report to...

〜に指示を仰ぐ／〜に直属する

----

to の後には、職場の上司を表す語句が続く。report to... は、文字どおり「〜に報告する」の意味で使われることもある。また、「〜に出頭する、〜に顔を出す」といった意味を表すこともある。

349 take instructions

指示をもらう／指導を受ける

----

take を receive で言い換えることもできる。例文にあるように、from... の形を続けて指示者を明示することが多い。反対に「指示を出す」なら、give someone instructions と言える。

350 be assigned to...

〜に配属される／〜に任命される

この to の後には、役職や任務、所属部署を表す語句が続く。例文中にある HR は、human resources (department)（人事部、人事課）の省略表記。

351 be in charge of...

〜を管理する／〜を担当する／〜の責任を持つ

名詞 charge には「管理、運営、責任」といった意味があり、be in charge of... は単に「〜を担当する」から「〜の責任を持つ」まで、幅広い意味で用いられる。

352 be involved in...

〜に従事する／〜に関与する

仕事に関する文脈では、もっぱら上のような意味で用いられるが、それ以外に He was involved in a serious accident.（彼はひどい事故に巻き込まれた）のように「〜に巻き込まれる」の意味でもよく用いられる。

Students interns **report to** Ms. Smith, who's in charge of internship program.

学生のインターンは、インターンシッププログラムの担当であるスミスさんに指示を仰いでいます。

Inexperienced students, who work part-time for the first time, **take instructions** from their seniors.

初めてアルバイトで働く未経験の学生たちは、先輩たちから指導を受けています。

I had an interview with HR, but I haven't been told which department I will **be assigned to** as an intern.

人事部の面接を受けましたが、まだインターンとしてどの部署に配属されるか聞いていません。

I'm a part-time staff leader, so **I'm in charge of** checking everyone's sales totals when the store closes.

私はアルバイト従業員のリーダーなので、閉店時に各人の売上総額を確認することを担当しています。

Unfortunately, student interns **are** not really **involved in** product development.

残念なことですが、学生のインターンは、実際に製品開発に関わることはありません。

353 be qualified for...

～の資格がある／～の適性がある

- -

qualified は「資格要件を満たした、適格な」という意味を表す形容詞だが、このフレーズは必ずしも何かの「資格所有者である」ことを意味してはいない。

354 bulletin board

掲示板

- -

大学の構内の随所に bulletin board が設けられており、授業や講義に関する情報や、アルバイトやインターンシップに関する情報なども掲示される。

355 challenging task

やりがいのある仕事／難しい業務

- -

challenging には「難易度が高いがやりがいがある」といったニュアンスが込められている。task は広く「任務、課題」の意味で用いられる語。

356 concentrate on...

～に集中する／～に没頭する

- -

concentrate の代わりに動詞 focus を用いても、ほぼ同じ意味。devote oneself to... というフレーズも使える。

357 engage in...

～に携わる／～に従事する

- -

engage には自動詞・他動詞の両方があるので、be engaged in... という受け身の形でも、このフレーズと同じ意味で用いることができる。

Since she passed the bookkeeping exam, she **is qualified for** an accounting position.

彼女は簿記の試験に合格したので、経理業務に就く資格があります。

We check the **bulletin board** in the break room to find out what our shifts are each week.

休憩室の掲示板を確認して、各週のそれぞれの勤務シフトを把握しています。

In my work as an intern there are some **challenging tasks**, but I think it's great opportunity to develop my skills.

私のインターンとしての仕事には、いくつか難しい仕事が含まれますが、自分の技能を磨く上で大変いい機会だと思っています。

When the shop is crowded, time goes by fast because I'm **concentrating** completely **on** serving customers and cashiering.

店が混むと、時間が早く過ぎます。接客やレジ業務にすっかり没頭しているからです。

I have been **engaged in** a new project for the past week.

この1週間、ずっと新しいプロジェクトに携わっています。

358 learn the ropes

コツをつかむ／やり方を覚える

------

rope（ロープ、縄）は、the ropes と複数形で用いられると「コツ、要領」の意味になる。このフレーズでは、状況によっては ropes を tricks という語で言い換えることもできる。

359 be paid by the hour

時給が支払われる／時間給である

------

by the hour は「時間単位で、時間決めで」の意味。hour の代わりに day を使えば「日当が支払われる」、month なら「月給が支払われる」の意味になる。

360 gain experience

経験を積む

動詞 gain を acquire や get で言い換えることもできる。例文にあるように、in... の形を続けて、経験の内容や分野を表現することが多い。

361 have a day off

1 日休みを取る

------

have の代わりに get や take を使うこともできる。a day は文字どおり「1日」の意味なので、「2 日休む」なら have two days off、「1 週間休む」なら have a week off と表現する。

362 have access to...

〜を利用できる／〜へ通える

名詞 access には大きく「接近、接近（のための交通）手段」と「利用・入手する権利」のふたつの意味がある。したがって、このフレーズも「〜へ行ける、〜へ通える」と「〜を利用できる」のふたつの意味で使われる。

All the part-time students working at this café struggle to **learn the ropes** on how to make a latte first.	このカフェで働くアルバイトの学生は皆、カフェラテの入れ方のコツを最初に頑張って身につけます。
I'm paid by the hour, so I have to clock out when I leave the office.	私は時給なので、職場を出るときにタイムカードに打刻しなければなりません。
Part-time students are trained for two weeks and **gain experience** in making latte art.	アルバイトの学生は2週間研修を受けて、ラテアート作りの経験を積みます。
I **have a day off** of work tomorrow, so I'm going hiking.	明日は1日休みなので、ハイキングに行くつもりです。
In my part-time library job, I **have access to** the latest issues of all the magazines.	私は図書館でアルバイトをしているので、あらゆる雑誌の最新号を読めます。

363 job performance

仕事ぶり／業績

----

performance は、人の「腕前、能力」あるいは「成績、実績」といった意味で用いられる。job performance は「仕事の出来栄え、仕事で挙げた成績」を指す。

364 night shift

夜勤／夜の勤務シフト

この shift は、「シフト制の下での勤務時間、交代（制）勤務時間」を指している。例文にある work the night shift は「夜間勤務する」の意味で、night shift が副詞的に用いられている。

365 pay someone well

〜に高給を払う／〜を厚遇する

かなり口語的になるが、well の代わりに a lot を用いることもできる。このフレーズの主語には、例文のように雇用者を表す語句の他に、The job pays well.（その仕事は給料が高い）のように「職」を表す語句が立つこともある。

366 take a break

休憩する

----

take の代わりに have も使える。類似のフレーズに take five があり、これには「5 分間休憩する」という意味と「ちょっとひと休みする」という意味がある。

367 work overtime

残業する／時間外労働をする

この overtime は「時間が超過して、時間外に」という意味の副詞。したがって work overtime は、「残業する」だけでなく、休日出勤などを含めて「超過勤務する」ことを表す。

Full-time employees receive salaries based on **job performance**, but interns are all paid the same hourly wage.

給料は、正規雇用の従業員には業績ベースで支払われますが、インターンへの支払いは時給ベースです。

My friend who works at a convenience store says it's hard when he works the **night shift**, because he doesn't get enough sleep.

コンビニで働いている友人によると、夜勤をすると十分に睡眠が取れないので、きついそうです。

The store manager said he will **pay me well** if I become the part-timers' leader.

もし私がアルバイトリーダーになれたら、店長が厚遇してくれると言っていました。

Make sure to **take a break** once every five hours.

5時間ごとに1回、必ず休むようにしてください。

IIn this company, both student interns and regular employees are urged not to **work overtime**.

この会社では、インターンの学生だけではなく正規従業員も、残業しないように求められています。

インターンシップの情報交換　A：男子学生　B：女子学生

A: Hey, Jaz! Did you hear about the new internship program with the Department of Parks and Recreation?

B: No, I didn't. That sounds amazing! You know I'm a huge nature lover.

A: Yeah, I think it'd be perfect for you. You could get hands-on experience in park management, and you'd have access to remote forest areas with lots of wildlife.

B: Oh, that would be great. I want work with animals in the future, so I'll need to learn the ropes.

A: The program description said you can choose the area you want to be assigned to. You can also arrange your schedule so you can take vacations.

B: Wow! That sounds too good to be true. But do you think I'm qualified for it?

A: I think so, but you should check the notice on the bulletin board in the library to be sure. It has all the details.

B: I definitely will. I need to gain experience in nature conservation to get my dream job later on.

A: Oh, I forgot to mention that the internship is paid by the hour.

B: Even better! Thanks, Yoshi!

訳 A: やあ、ジャズ！　新しいインターン制度の話、聞いた？　公園保養地管理局の仕事だよ。

B: いいえ、聞いてない。でも、面白そうね！　知ってるでしょう、私が大の自然愛好家だってことは。

A: うん、君にぴったりの仕事だと思うよ。公園管理の実務経験を積めるし、野生動物がたくさんいる遠くの森林地区へも行けるよ。

B: ああ、それはすごいわ。将来、動物と関わる仕事に就きたいから、要領を身につけておく必要があるのよ。

A: プログラムの説明によると、配属されたい地域を選べるそうだよ。それに、自分のスケジュール調整もできるから、休みが取れる。

B: へえ！　本当だとは思えないほど素晴らしい。でも、私には資格があるのかしら。

A: あると思うけど、図書館の掲示板にある告知を見て、確かめたほうがいいね。あれに詳細がすべて書いてあるから。

B: 必ずそうするわ。自然保護に関する経験を積んでおかないとね、将来、私が夢見ている仕事に就くためにはね。

A: ああ、言うのを忘れてた。このインターンには時給が支払われるよ。

B: ますますいいわね！　ありがとう、ヨシ！

キーフレーズをチェック！

internship program
インターン制度 → [338]

hands-on experience
実務経験 → [342]

have access to...
〜を利用できる → [362]

learn the ropes
コツをつかむ／やり方を覚える → [358]

be assigned to...
〜に配属される → [350]

arrange one's schedule
スケジュールを調整する → [346]

be qualified for...
〜の資格がある → [353]

bulletin board
掲示板 → [354]

gain experience
経験を積む → [360]

be paid by the hour
時給が支払われる → [359]

Section 6

異文化交流 & 日本のことを伝える

このセクションでは、留学先でさまざまな文化の人たちと触れ合い、互いの国や地域、民族の文化を紹介し合う際に役立つ頻出キーフレーズを紹介します。

　留学先の大学には、その国・地域に暮らす学生はもちろんのこと、世界のさまざまな国や地域出身の留学生たちもたくさん集まっているはずです。そして日本から英語圏へ留学するあなた自身も、日本という国とその文化を代表して異文化の中へ飛び込んでいくのです。その意味では、留学先の大学は、異文化出身者同士が交流を深め、互いの文化や伝統について情報を交換するための格好の場と言えるでしょう。

　ここでは、異なる文化的背景を持つ人たちと交わり、相手の文化や伝統について尋ねたり、日本の文化や習慣について説明したり、理解を促したりするときに役に立つ頻出キーフレーズを取り上げ、意味や使いどころを見ていきましょう。

会話やトークで役立つキーフレーズ

A: いろんな種類のおすしで生魚が使われているんだけど、みんな普通、おすしをしょうゆに漬けて食べるの。間違えたって気にすることないわ。People know there are **cultural differences**, and they respect diversity in culture. As long as you **mind your manners** and try to **respect traditions**, 何の問題もないはずよ。

B: ああ、それを聞いてよかった。僕は日本の文化を体験してみたいといつも思っているんだ、like eating sushi while **soaking in a hot spring**.

A: え、それは駄目よ。温泉の中で何かを食べたりしないほうがいいと思うわ。でも、温泉宿へ行けば、部屋で素晴らしい夕食を食べることができるわよ。

photo: kumikomini/iStockphoto

368 a kind of...

〜の一種／〜のようなもの

これは異なる文化圏の人に、ある文化における特定の物事を説明するときに役立つ表現のひとつ。類似のものになぞらえたり、カテゴリーを説明したりするのに便利なフレーズ。a sort of... とも言える。

369 be almost the same as...

〜とほぼ同じだ／〜と同じようなものだ

これも、何かを類似の物事になぞらえて説明するときに役立つキーフレーズ。be very close to...(〜に非常に近い)という表現も、同様に使うことができる。

370 be similar to...

〜に似ている／〜と同じようだ

類似の物事を引き合いに出すときのフレーズのひとつで、to の後には類似の事柄を表す名詞・名詞相当語句が続く。

371 be the case with...

〜に(も)当てはまる／〜と同様だ

この case は、「実情、真実、当てはまる事柄」といった意味を表している。前置詞が as ではなく with である点に注意。

372 the same is true of...

〜にも同じことが言える

------

be true of... は「〜に当てはまる」という意味の頻出フレーズ。the same is true of... は、the same applies to... という形に言い換えることも可能だ。

Osechi is **a kind of** celebratory meal for the New Year in Japan.	おせちは、日本の正月のお祝い料理の一種です。
In some ways, Obon in Japan **is almost the same as** the "Day of the Dead" in Mexico.	いくつかの点で、日本のお盆は、メキシコの「死者の日」と同じようなものです。
I think the strict hierarchies in Japanese culture **are similar to** those in Korean culture.	日本の厳しい上下関係は、韓国の文化におけるそれと似ていると思います。
Many people visit their parents over the New Year holiday, and that's also **the case with** the Obon holiday. How about in your country?	新年の休暇では多くの人が親のもとを訪れます。それはお盆でも同様です。あなたの国ではどうですか。
I saw a lot of foreign students in Japan who spoke Japanese as much as possible. **The same is true of** international students here in the U.S., who speak English as much as possible.	多くの外国人留学生が、日本でできるだけ日本語を話している姿を目にしました。ここアメリカでも留学生には同じことが言えて、みんなできるだけ英語を話しています。

373 be affected by...

～の影響を受けている

- -

人がある文化から受ける影響や、異文化同士の影響について語る上で役立つフレーズ。affected の代わりに influenced もよく用いられる。

374 be derived from...

～に由来する／～から生じている

- -

物事の由来や伝来を説明するときのキーフレーズのひとつ。現存の文化について語る場合には、この be 動詞は原則的に現在形で用いる。

375 originally come from...

～が発祥だ

- -

Japan is the cradle of karaoke.（日本はカラオケの発祥地だ）のように、「発祥地」の意味で birthplace、cradle、home といった語が用いられることがある。

376 trace back to...

～に由来する／～にさかのぼる

- -

trace の代わりに、「（ある時代に）始まる」という意味を表す自動詞 date を用いて date back to... と言っても、ほぼ同じ意味を表せる。

377 be made from...

～（原材料）から作られる

- -

食べ物などの原材料を伝えるときによく用いられる表現。This instrument is made of wood.（この器具は木製だ）のように、原材料が原型をとどめている場合には、from の代わりに of が使われる。

I **was affected by** his book on American life, so I decided to study in the U.S.	私はアメリカの生活に関する彼の本に影響を受けました。それでアメリカ留学を決めたのです。
Japanese kanji **are derived from** ancient Chinese characters.	日本の漢字は、大昔の中国の文字に由来しています。
Karaoke **originally came from** Japan, but now it's popular all over the world.	カラオケは日本発祥のものですが、現在では世界中に広まっています。
The introduction of Western culture in Japan **traces back to** the westernization movement of the Meiji era.	日本における西洋文化の導入は、明治時代の文明開化にまでさかのぼります。
Did you know that miso, soy sauce and tofu **are** all **made from** soybeans?	みそもしょうゆも豆腐も、みんな大豆から作られているって知っていましたか。

378 refer to...

~を指す／~のことを言う

物事の（文化的な）含意を説明するときに役立つフレーズ。refer to... には、これ以外に「~を参照する、~に注意する、~に問い合わせる」などの意味もある。

379 contemporary culture

現代文化

----

contemporary culture は、traditional culture（伝統文化）の対概念である。contemporary とは「当代の、（今と）同時代の」という意味の形容詞。

380 cross-cultural communication

異文化間コミュニケーション

----

cross-cultural は「異文化間の、複数文化にまたがる」という意味の形容詞。

381 cultural difference

文化の違い

この difference は、例文にあるように複数形で用いられることが多い。類似の表現に culture gap があるが、これには「文化的な断絶」といったややネガティブなニュアンスで用いられる傾向がある。

382 cultural diversity

文化の多様性

----

diversity in culture とも言える。melting pot（るつぼ）や multicultural（多文化の）や ethinic diversity（民族の多様性）は、diversity について語るときのキーワードと言える。

There are meanings for each food used in osechi. For example, black beans **refers to** working hard.

おせち料理の一つひとつの食べ物には意味があります。例えば、黒豆は勤勉を意味しています。

Some people from this country decide to study in Japan because they're interested in aspects of **contemporary culture** like manga and anime. Are you interested in Japanese manga and anime?

この国の人の中にはマンガやアニメのような現代文化に興味があって、日本で勉強しようと思う人もいます。あなたは日本のマンガやアニメに興味がありますか。

Now I've found **cross-cultural communication** is one of the most challenging aspects of studying abroad.

今や、異文化間コミュニケーションが海外留学の最も挑戦しがいがある一面であることがわかりました。

I heard that when Japanese anime are shown in other countries, the settings are changed sometimes due to **cultural differences**.

日本のアニメが他の国でで放映される場合、文化の違いに応じてアニメの設定が変えられる可能性があるそうです。

I didn't experience much **cultural diversity** in Japan, so when I came to this country, which is so multicultural, I was amazed. Everything felt fresh and new.

日本ではそれほど文化の多様性を経験したことがありませんでした。そして、とても多文化的だと言われるこの国に来て驚きました。すべてが新鮮で新しく感じられたのです。

383 gap in values

価値観の違い

この gap は、difference と言い換えてもほぼ同じ意味を表せる。value は通例、複数形で用いられると「価値観、価値基準」の意味を表す。

384 keep up a tradition

伝統を守る

この keep up... は「〜を保持する、〜を存続させる」といった意味の表現。keep up... の代わりに observe や uphold といった語を用いることもできるが、やや堅苦しい言い回しになる。

385 respect different cultures

異文化を尊重する

この respect は、「〜を尊重する、〜に敬意を払う」という意味の動詞。respect の代わりに value（〜に重きを置く、〜を尊重する）を使うこともできる。

386 respect tradition

伝統を重んじる

このフレーズは、respect の形容詞形 respectful を用いて、be respectful of tradition という形に置き換えることも可能だ。

387 be served with...

〜と一緒に出される／〜を添えて出される

Some pickles were served with rice.（漬物がご飯と一緒に出された）のように、料理の添え物を言い表すときにも使えるフレーズ。

When I talk with students from other countries, the **gap in values** sometimes surprises me, but it's very interesting to learn about their cultures.

他の国の出身の学生と話すと、価値観の違いに驚かされることがありますが、彼らの文化を学ぶことは非常に興味深いことです。

It's great that your hometown **keeps up the tradition** of holding a big summer festival. Do you think it might be possible to go to the festival together?

あなたの出身地が大きな夏祭りを維持して伝統を守っているのは素晴らしいことです。一緒に祭りを見に行ってもいいでしょうか。

If you can't **respect different cultures**, you'd have a lot of difficulties when you go abroad.

異文化を尊重できなければ、外国へ行ったとき、多くの困難にぶつかりますよ。

To **respect** local **tradition**, some sightseeing areas in Japan have harmonized the appearance of convenience stores and fast food restaurants to fit in with the historic buildings.

地域の伝統を重んじるために、日本の観光地の中には、コンビニやファストフード店の外観が歴史的な建築物と適合するように、調和を取っているところもあります。

My friend said it's only in Japan that a hot hand towel **is served with** a meal at a restaurant.

友人によると、レストランに行って料理と共に熱いおしぼりが出てくるのは、日本だけだそうです。

388 **dietary habits**

食習慣

特定の個人の「食生活」について述べる場合を除いて、habits と複数形を用いる。dietary は「食事の、食べ物の」という意味の形容詞。dietary の代わりに eating を使って eating habits とも言える。

389 **mind one's manners**

マナーに気をつける

この mind は「～を気にする、～に留意する」という意味の動詞。mind の代わりに watch も使える。「マナー、礼儀」の意味の manner は、このように複数形で用いるのが原則。

390 **religious ceremony**

宗教儀式

ceremony の代わりに、rite、ritual、service などの語を用いても、同様の意味を表すことができる。

391 **special occasion**

特別な機会／ハレの日

例文にある sekihan のように、日本語の概念について話すときには、Sekihan, rice with red beans on, is a food...（赤飯は、アズキを混ぜたご飯で、この食べ物は……）のように直後に噛み砕いた説明を加えると伝わりやすくなる。

392 **traditional performing art**

伝統芸能

performing art は「芸能、舞台芸術」の意味。「伝統芸能」は traditional entertainment とも表現できる。

Differences **dietary habits** in partly account for differences in life expectancy and health in each country.	食習慣の違いは、各国の平均寿命や健康状態にある程度、影響しています。
In Japan, it's very important to **mind your manners** when visiting someone's home.	日本では誰かの家を訪ねるときに、マナーに気をつけることがとても大切です。
I heard the university has a special room for **religious ceremonies**, since there are a lot of international students. Is that true?	この大学にはたくさんの留学生がいるので、宗教儀式のための特別な部屋があると聞きました。それは本当ですか。
Japanese eat sekihan—rice with red beans on—**special occasions**, such as a graduation or the birth of a baby. Do you have a special food for special days?	日本人は卒業や赤ちゃんの誕生など、特別な機会に赤飯を食べます。あなた方にも、特別な日に食べるそのような特別な食べ物がありますか。
If you visit Japan, I recommend that you see kabuki, the most famous Japanese **traditional performing art**.	日本を訪れるのなら、日本の最も有名な伝統芸能である歌舞伎を見に行くことをおすすめします。

393 open-air hot spring bath

露天風呂

open-air は「野外の、屋外の」の意味。hot spring bath は、hot spring だけでも通じる。

394 soak in a hot spring

温泉につかる

soak in... は「〜につかる、〜を浴びる」という意味を表す。dip in... というフレーズも使えるが、こちらはあまり時間をかけずに「さっと入る」というニュアンスになる。

395 pay a New Year's visit to a shrine

初詣に行く

このフレーズの核になっているのは、pay a visit to...（〜を訪問する）という表現だ。visit a shrine on New Year's Day のように言うこともできる。

396 draw a fortune

おみくじを引く

この fortune は「幸運、運を伝えるもの」といった意味。「おみくじ」は他に、paper fortune や fortune slip などと表現されることもある。

397 cherry blossom viewing

花見

日本の「花見」を端的に説明するフレーズのひとつ。viewing の後に party を付けてもよい。他に、bloom gazing や cherry blossom appreciation などと表現することもできる。

Taking an **open-air hot spring bath** on a cold winter night is an extraordinary experience.

寒い冬の夜に露天風呂につかるのは、最高の体験ですよ。

If you go to certain places in the Japanese countryside, you can see monkeys **soaking in hot springs**.

日本の田舎のある場所へ行くと、サルが温泉につかっているのを見ることができます。

Many people in Japan **pay a New Year's visit to a shrine** on New Year's Day or soon thereafter.

日本では、たくさんの人が元日やその直後に初詣に出かけます。

In Japan, many people **draw a fortune** when they go to a shrine, to find out if it will be a lucky year for them.

日本では多くの人が、神社へ行くとおみくじを引いて一年の運勢を占います。

Even in the U.S., I think we can do **cherry blossom viewing** in some places.

アメリカでも、場所によっては花見ができると思いますよ。

398 be in full bloom

満開だ

bloom は「花盛り、開花（状態）」という意味の名詞。full bloom で「満開、満開状態」の意味を表す。

399 enjoy fall foliage

紅葉をめでる

enjoy の代わりに appreciate（〜を鑑賞する）も使える。「紅葉」は他に autumn leaves や fall colors などと表現することもできる。「秋」を fall と表現するのは、主にアメリカ英語。

400 conveyor belt sushi restaurant

回転ずし店

conveyor belt は「ベルトコンベヤー」。「回転ずし店」は conveyor-belt-style sushi restaurant や conveyor-belt-type sushi bar などとも言う。テーブル席のある店は restaurant、カウンター席のみの店は bar と呼ばれることが多い。

401 sushi item

すしネタ

この item は「品目」の意味。例えば「マグロ」は tuna、「イクラ」は salmon roe と言う。この roe は「魚卵」のこと。

402 raw fish

生魚

fish は単複同形の名詞だが、「食べ物としての魚、魚肉」を表す場合には不可算名詞となる。例文中にある raw fish の fish は、この意味の不可算名詞。

From late March to early April, cherry blossoms **are in full bloom** in the Tokyo area.	3月から4月にかけて、東京では桜が満開になります。
I recommend going to Kyoto to **enjoy fall foliage**, and you can also visit famous temples and ancient sights.	おすすめは、京都へ行って紅葉を楽しむことです。また、有名な寺院や旧跡を訪れるのもいいでしょう。
Conveyor belt sushi restaurants are almost considered a form of entertainment by many people visiting Japan.	回転ずし店は、海外から日本へ来る多くの人たちにとってほとんど娯楽の一形態だと見なされています。
What's this? I don't think you can find this **sushi item** in Japan.	これは何？　日本ではこんなすしネタは見ることができないと思いますよ。
Many people from other countries are initially reluctant to eat raw fish when they come to Japan. Do you like **raw fish** food like sashimi?	多くの外国人が、日本に来ると最初は生魚をなかなか食べようとしません。あなたは刺身のような生魚の料理は好きですか。

403 make soup stock

だしを取る

- -

「だし」は soup stock または単に soup と表現されることが多い。broth という語を当てることもできる。この「取る」は、make または prepare（〜を用意する）を使って言い表すのが普通。

404 slurp noodles

麺をすする

- -

slurp は、スープやコーヒーなどの液体を「音を立ててすする」ことも指す。「麺」を表す noodles は、常に複数形で使われる点に注意。

405 honorific language

敬語

- -

honorific だけでも「敬語、敬称」の意味で使われる。honorific expression(s) や honorific word(s) などのフレーズも使える。

Many younger Japanese don't know how to **make traditional soup stock** from kelp or fish.

多くの若い日本人が、コンブや魚からどうやってだしを取るのか知りません。

People from countries where it's considered impolite to make noise while eating often have trouble **slurping noodles**.

食事中に音を立てるのが無作法だ考えられている国から来ている人にとっては、麺をすするのはなかなか難しいものです。

Honorific language in Japanese is quite complex, so international students say that it's difficult to use properly.

日本語の敬語はとても複雑で、外国人学生は正しく使うのが難しいと言います。

日本を語る A：男子学生 B：女子学生

A: So, I heard that **cherry blossom viewing** is big in Japan. Is that true?

B: Yes, lots and lots of people gather under the trees when the blossoms **are in full bloom**.

A: It must be beautiful. And what about Japanese food? I hear a lot about sushi, but I don't know much about it, except that it's made with raw fish. Do you dip it in soy sauce? I'm afraid I might make mistakes when I try out Japanese foods.

B: Many types of sushi are made with **raw fish**, and people usually dip sushi in soy sauce. Don't worry about making mistakes. People know there are **cultural differences**, and they respect diversity in culture. As long as you **mind your manners** and try to **respect traditions**, you shouldn't have any problems.

A: Oh, that's good to hear. I've always wanted to experience Japanese culture, like eating sushi while **soaking in a hot spring**.

B: Oh, no. I think it's better not to eat anything in a hot spring. But if you go to a hot spring hotel, you can have an amazing dinner in your room.

訳 A: それで、日本では花見が盛んだって聞いたんだけど。本当かい？

B: ええ、本当にたくさんの人たちが、花が満開になると木の下に集まるのよ。

A: きれいだろうね。あと、和食はどうなのかな。すしの話はずいぶん耳にするけど、あんまり詳しいことは知らないんだ、生魚を使っているということ以外は。しょうゆに漬けて食べるの？　間違えちゃいそうだな、和食を食べてみようとすると。

B: いろんな種類のおすしで生魚が使われているんだけど、みんな普通、おすしをしょうゆに漬けて食べるの。間違えたって気にすることないわ。みんな、文化の違いがあることはわかってるし、文化の多様性を尊重しているから。マナーに気をつけて、伝統を重んじようとすれば、何の問題もないはずよ。

A: ああ、それを聞いてよかった。僕は日本の文化を体験してみたいといつも思っているんだ。温泉につかりながらすしを食べたりね。

B: え、それは駄目よ。温泉の中で何かを食べたりしないほうがいいと思うわ。でも、温泉宿へ行けば、部屋で素晴らしい夕食を食べることができるわよ。

キーフレーズをチェック！

cherry blossom viewing
花見　[397]

be in full bloom
満開だ → [398]

raw fish
生魚 → [402]

cultural difference
文化の違い → [381]

mind one's manners
マナーに気をつける → [389]

respect tradition
伝統を重んじる → [386]

soak in a hot spring
温泉につかる → [394]

コラム 「体験的」留学英語作法 6

クリスマスは「よその人々のお祭り」

平田久子（ライター）

　大多数の日本人は、宗教に対して鈍いというか、非常に寛容な姿勢で暮らしています。しかし、それはわが国限定の話。他国の人々も同様だと思い込んでは危険です。

　国や宗教観の違いによって、クリスマスに対する人の心情が大きく異なるという事実は、留学生にとって非常な大切な心得のひとつです。安易にクリスマスを祝う気持ちを示しては、新しく築いた友情にひびが入るだけでなく、無神経な人とのレッテルを貼られてしまう危険すらあるのです。

　原則論を申せば、クリスマスはキリスト教徒の行事であり、他者には無関係です。商業主義がはびこる現代のクリスマスは、はるかに多様な人々を巻き込む祝い事になっています。とはいえ、イスラム教やユダヤ教の信者たちにとって、クリスマスは永遠に「よその人々のお祭り」です。

　イスラム教やユダヤ教の信者には、「食べてはいけないもの」という戒律があります。それらには、期間限定のものと恒久的なものがあり、可能な限り守るといった中途半端な感覚は認められません。必然的に、どの大学のカフェテリアにも、しかるべき配慮がなされています。

　The Passover Festival（過ぎ越しの祭り）を例に挙げましょう。毎年、春に8日間続くこのユダヤ教の行事の期間中、教徒はイースト菌や酵母菌が使われた食べ物を食べることが禁じられるので、大学のカフェテリアにはマッツア（matzah）と呼ばれる薄いクラッカー状のパンが用意されます。ユダヤ教徒の学生にとっては、通常のサラダやメインディッシュと共にマッツアを食べるのが習わしです。「ユダヤ教徒でない人もマッツアを食べていいの？」という、無知な私の質問に対し、熱心なユダヤ教信者の友人ジャネットは、いつもにこやかに答えてくれました（回答は「誰でもOK」）。

　宗教の戒律は、理屈や感情で測れるものではありません。私がこの友人から教わったのは、戒律について質問するときには丁重にすること、そして、気やすく感想や意見を述べるのは控えること、という2点です。これらを、留学生の皆さんにも心得ておいてもらいたいと思います。

Chapter 3

言葉を思い通りに操る

機能別キーフレーズ 203

このチャプターではあいさつから依頼・提案の表現、相づちやつなぎ言葉まで、キャンパスの内外を問わず、さまざまな日常のコミュニケーションで役に立つ実践的なキーフレーズを言葉の機能別に整理しました。

場面横断的に役立つ

　言葉を使うときには、何らかの意図や目的があるものです。今から相手に謝ろう、自分の意見を伝えよう、頼みがあるので伝えよう、といった意図・目的があるからこそ、人は言葉を発します。そして、それらは Chapter 1、2 で想定した、留学中に遭遇するであろうさまざまな場面や状況を超越したものと言えるでしょう。

　例えば、意見を述べるのは、授業のディスカッションやディベートのときだけではありません。教授と面談するときにも、寮でルームメートと雑談するときにも、インターンシップへの参加中にも、何らかの意見や考えを伝えたい瞬間があるはずです。

　「謝罪する」「意見を述べる」「依頼する」といった一つひとつの意図・目的に応じた言葉の役割のことを、言語機能と言います。Chapter 3 では、この言語機能に着目し、さまざまな場面・状況に対して横断的に使える 200 余りのキーフレーズを集め、10 の機能グループ別に整理してあります。中には、Chapter 1、2 で取り上げた場面・状況密着型のキーフレーズに類似した表現もいくつか含まれています。このことは、ある言語機能と、その機能が特に役立つ場面・状況を結び付けて把握する上でのヒントとなるでしょう。

機能別キーフレーズ

　Chapter 3 では、以下の 10 の機能グループ（Section）を設け、各グループに約 20 のキーフレーズを集めてあります。

Section 1	あいさつする & 紹介する
Section 2	礼を述べる & 謝罪する
Section 3	話を切り出す & 話をまとめる
Section 4	意見を述べる & 意見を引き出す
Section 5	話題を変える & 話を展開させる
Section 6	依頼する & 許可を求める
Section 7	提案する & 勧誘する
Section 8	承諾する・許可する・賛同する
Section 9	拒絶する・断る・反対する
Section 10	相づちを打つ & つなぎ言葉を使う

　類似の機能を同じグループにまとめて、個々のキーフレーズの微妙な意味・ニュアンス・使いどころの違いなどを比較しやすくしてあります。解説と例文を参照しながら、機能別キーフレーズ 203 を効率よく身につけていきましょう。

Section 1
あいさつする & 紹介する

キーフレーズ 406 - 410　　🔊 file 096

406 (It's) nice to finally meet you.

ようやく会えてよかった。

名前や話を何度も耳にしたことがある人物と知り合ったときの、あいさつの言葉。一般的な初対面のあいさつに「ようやく、ついに」という意味の finally を加えて、喜びの気持ちを強調している。

407 (It's) nice to meet you.

初めまして。

最も一般的な初対面のあいさつの言葉。nice の代わりに good や great を使ったり、meet の代わりに see を使ってよい。see は初対面でなくても使える。

408 Haven't we met before?

前に会わなかった？

見覚えのある人に声をかけるときの言葉。実際には会ったことがなくても、親しくなりたいと思った人にこのように話しかけて、会話のきっかけを作ることもできる。

409 You look familiar.

よく見かける顔だね。

顔だけ知っている人に声をかけるときの言葉のひとつ。408 と同様に、過去に相手と会ったかもしれない場面・機会についてのコメントや質問を付け加えるとよい。

410 Anything new?

最近どう？／何か変わったことは？

軽い調子で相手の近況を尋ねるときの言葉。久しぶりに会った親しい友人などにこう声をかけることが多い。

Now I can put a face to the name! **It's nice to finally meet you.**

これで顔と名前が一致した！　ようやく君に会えてよかったよ。

Nice to meet you. I've never had a roommate before, so I'm looking forward to rooming with you.

初めまして。これまでルームメートと暮らしたことがないので、君と一緒の部屋になって楽しみだよ。

Haven't we met before? I feel like we may have been in the same class last semester.

前に会ったことないかな？　先学期に同じ授業に出ていた気がするけど。

You look familiar. Did you take the ESL class last semester?

見覚えのある顔だね。先学期に ESL の授業を取ってた？

I haven't seen you since before the summer break. **Anything new?**

夏休み前から会ってなかったね。最近どう？

411 How have you been?

元気だった？／どうしてた？

久しぶり会った人にかける、最も一般的なあいさつの言葉。親密さの度合い
や上下関係などに関係なく、誰に対しても使える表現。

412 I missed you guys.

会いたかったよ、みんな。

休暇明けや長いブランクの後に、クラスメートなどに再会したときにかける
言葉。guy はもともと男性を指す口語だが、このように guys と複数形にす
ると性別に関係なく呼びかけの言葉として使える。

413 I've heard a lot about you.

おうわさはかねがね聞いています。

何かと話題に上っていた人に初めて紹介されたときのあいさつの言葉。I've
heard... と現在完了形にするところがポイント。

414 It's good to see you again.

また会えてよかった。

人と再会したり、再び顔を合わせたときに使うあいさつの言葉。good のか
わりに nice もよく使われる。

415 What a coincidence!

奇遇だね！／こんなところで会うなんて！

思いがけない所で知人と出くわしたときなどによく使われるフレーズ。
coincidence とは「（偶然の）一致」のこと。Fancy seeing you here! や
What a surprise to see you here! とも言える。

It's been forever since we last spoke. **How have you been?**	最後に話してからずいぶんたつね。元気にしてた？
I enjoyed seeing my family, but I'm glad to be back. **I missed you guys.**	家族に会って楽しかったけど、戻って来れてうれしいよ。みんなに会いたかった。
I've heard a lot about you. Mike says you know a lot of fun things to do in this city.	うわさはいろいろ聞いてるよ。マイクによると、君はこの町での楽しみ方に詳しいそうだね。
It's good to see you again. Did you decide to take this course?	また会えてよかった。この授業を取ることに決めたの？
Hey, Kate. **What a coincidence!**	やあ、ケート。奇遇だね！

416 What brings you here?

どうしてここにいるの？

意外な場所で知人に会ったときなどにかける言葉。必ずしも相手がここにいる理由を聞いているわけではない。Why are you here? と言うと、「何でここにいるんだ（帰ってくれ）」といった無礼なニュアンスになり得るので注意。

417 What's happening?

どうしたの？

急に電話をかけてきたり訪ねて来た人に対して「（突然）どうしたの？」といったニュアンスでかける言葉。

418 What's up?

元気？／どう？

親しい間柄で交わされる軽いあいさつのことば。Not much.（まあまあだね）、Nothing.（別に）などがお決まりの応答。

419 Allow me to introduce myself.

自己紹介をさせてください。

ややあらたまった場面で使うフレーズ。例文のように、この言葉の後に自分の名前や立場を簡単に述べるのが普通。Let me introduce myself. はより気軽な表現。

420 Could I have your name, please?

お名前を伺ってもよろしいですか。

相手の名前を尋ねるときのていねいな表現。間違い電話と思しき通話を受けたときなどにも使える。

Hey, don't you live in the dorm on the other side of campus? **What brings you here?**

ねえ、君はキャンパスの反対側の寮に住んでるんじゃないの？　どうしてここにいるの？

Hey, **what's happening?** Did you forgot your textbook again?

あれ、どうしたの？　またテキストを忘れたの？

What's up, Andy? This is my friend Paul. He can help you set up your new computer.

元気、アンディー？　友だちのポールだよ。彼が君の新しいパソコンのセットアップを手伝ってくれるよ。

Allow me to introduce myself. My name is Akiko, and I'm an exchange student from Japan.

自己紹介させてください。名前はアキコです。日本から来た交換留学生です。

I'm sorry, but you can't enter our dorm without an appointment. **Could I have your name, please?**

すみませんが、面会の約束がないとこの寮には入れないのです。お名前を伺ってもよろしいですか。

421　I'd like to introduce...

〜を紹介します

人を第三者に引き合わせるさいの切り出し文句。例文にあるように、このフレーズに to... を続けて introduce A to B（A を B に紹介する）の形を作り、紹介したい人の名前を伝えることが多い。

422　this is...

こちらは〜さんです

人を第三者に紹介するときの最も簡単なフレーズ。この this is... は、電話や初めて送るメールの中で「私は〜です」と自分を名乗るときにも使われるので、併せて覚えておこう。

423　I have to go now.

そろそろ行かなくちゃ。

場を辞去するときに最もよく使われるフレーズ。ごく親しい間柄の相手に対しては、I've got to go (now). という、より口語的な表現も使われる。

424　I think I should go now.

そろそろ帰らないと。

423 と同じ状況で使われる表現だが、こちらのほうがていねいで、ためらいが感じられる。「もう帰る」と言い出しにくいようなときには、これを用いるとよい。

425　I'm sure I'll see you around.

きっとまた会えるよ。

この around は「その辺で、そのうちに」といったあいまいなニュアンスを伝える。See you around. だけでも、「じゃあ、またね」という別れ際のあいさつとして、親しい間柄でよく用いられる。

I'd like to introduce you to my friend from South Korea, who is also going to take this economics course.	韓国出身の友だちを紹介するよ。彼もこの経済学の授業を取るつもりなんだ。
This is my roommate Tang, the one who I said is really into video games.	こちらがルームメートのタン。彼は前にも言ったとおり、テレビゲームが大好きなんだ。
I have a test tomorrow that I need to study for, so **I have to go now.**	明日試験があって勉強しなければならないから、そろそろ行かなくちゃ。
I'm going to talk on Skype with my family in Japan tonight, so **I think I should go now.**	今夜は日本にいる家族とスカイプで話す予定だから、そろそろ帰らないと。
Well, it was nice talking to you. **I'm sure I'll see you around.**	さてと、君と話ができてよかった。きっとまた会えるよね。

426 It was nice meeting you.

会えてよかった。

- -

初対面の人との、別れ際のあいさつの言葉。It was を省いて、Nice meeting you. という形でもよく用いられる。また、It was nice to meet you. と言ってもいい。

427 Let's keep in touch.

また連絡を取りましょう。

- -

別れ際のあいさつのひとつ。メールの締めくくりの言葉として使われることもある。keep in touch は「連絡を取り続ける」という意味。

428 Take it easy.

気をつけて。／じゃあね。

- -

このフレーズは本来「気楽にいこう、無理しないで」といった励ましの言葉として使われるものだが、転じて、親しい間柄での別れ際のあいさつとしてもよく用いられる。

It was nice meeting you. Feel free to e-mail or text me anytime.

会えてよかった。遠慮なく、いつでもメールか携帯メッセージを送って。

Let's keep in touch. If you're interested, we could go to the football game next week.

また連絡を取り合おう。もしよければ、来週フットボールの試合に行くのもありだよ。

Take it easy, and don't forget to e-mail me the next time you go to the diner.

じゃあ、また。今度またあの店に食事に行くときは、忘れずにメールしててね。

キーフレーズ 429 - 433　　🔊 file 101

429 Thank you for your kindness.

ご親切に感謝します。

kindness は「親切、思いやり」の意味。相手の親切心や、親身になってくれたことに感謝を示すフレーズだ。

430 Thanks a lot.

どうもありがとう。

親しい間柄で非常によく用いられる感謝のフレーズ。Thank you very much. や Thank you so much. よりも口語的な響きが強い。

431 I owe you.

ありがとう。／恩に着ます。

owe は「〜に借りがある」の意味。つまり、このフレーズは「あなたに借りがあります」と言うことで感謝の意を伝えている。I owe you one.（ひとつ借りができたね）とも言える。

432 Thank you for everything.

いろいろありがとう。／お世話になりました。

「何もかもありがとう、あれこれしてくれてありがとう」といった意味のフレーズ。ひとつの事柄へのお礼ではなく、たくさんのことで世話になった相手への感謝の言葉。

433 Any time.

どういたしまして。

相手のお礼の言葉に対する応答表現のひとつ。any time は「いつでも」の意味。したがって「いつでも（言ってくれれば）手伝いますよ」といったニュアンスがある。

Thanks to your aspirin, my headache finally went away and I'm feeling better. **Thank you for all your kindness.**	君のアスピリンのおかげで、ようやく頭痛がおさまって気分が良くなった。親身になってくれてありがとう。
I was able to finish the project because of your help with the computer. **Thanks a lot.**	課題を終えられたのは、君がパソコンで手伝ってくれたからだよ。どうもありがとう。
You really helped me when I lost my wallet on campus. **I owe you.**	君にはキャンパスで財布をなくしたときに本当に助けられたね。恩に着るよ。
I'm so glad I had the chance to stay with your family. **Thank you for everything.**	君の家族のもとに泊めてもらえてうれしいよ。お世話になりました。
Any time. Don't hesitate to call me if you have a problem.	どういたしまして。問題があったら遠慮なく電話してください。

434 Don't mention it.

どういたしまして。／かまいませんよ。

- -

mentionは「～に言及する」という意味の語。Don't mention it. とは「それ（礼）を言うには及ばない」、つまり「どういたしまして」ということ。

435 My pleasure.

どういたしまして。

- -

pleasure は「喜び」の意味。「むしろ私にとっての喜びです（から、礼には及びません）」というニュアンス。It's my pleasure. とも言える。

436 No worries.

心配しないで。／気にしないで。／大丈夫だよ。

- -

心配したり、申し訳なく思っている相手にかける言葉。Don't worry. も同じ状況で使える。

437 I apologize for...

～をおわびします／～でごめんなさい

- -

ストレートな謝罪の表現。for の後に、謝るべき事柄を表す語句が続く。I'm sorry for... と言い換えることもできる。

438 I'm sorry to trouble you, but...

ご迷惑をおかけしてすみませんが～／お邪魔してすみませんが～

- -

これは、相手に面倒なことをやってもらうよう依頼するときの切り出し文句。この trouble は「～に迷惑をかける」という意味の他動詞。

Don't mention it. It was no trouble at all, really.	かまわないよ。まったく手間ではなかったので、本当に。
My pleasure. I'm happy to hear you did so well on the exam.	どういたしまして。君の試験がうまくいったと聞いてうれしいよ。
No worries. You can return the book to me whenever you finish it.	かまわないよ。その本はいつでも読み終わってたときに返してくれればいいから。
I apologize for being late to the club meeting. My bike tire went flat, and I had to walk the rest of the way.	クラブのミーティングに遅れてごめん。自転車が途中でパンクして、そのあとずっと歩く羽目になったんだ
I'm sorry to trouble you, but could you show me how the stove works? I've never seen this type before.	申し訳ないのですが、このコンロの使い方を教えていただけませんか。このタイプのものを今まで見たことがないんです。

キーフレーズ 439 - 443　🔊 file 103

439 How can I make it up to you?

本当にごめんなさい。／何と言って謝ればいいか。

- -

make it up to... は「〜に償いをする」の意味。How can I...？と「償い方」を尋ねる形をとってはいるが、実際には方法を聞いているわけではなく、強い謝罪の言葉である。

440 I didn't mean it.

そんなつもりはなかったのです。

- -

この mean は「〜について本気である、本気で〜する」という意味。つまり、I didn't mean it. は「それは本気ではなかった」という釈明の言葉。これだけでは謝罪にならないので、例文のように I'm sorry. などを付け加える。

441 I'm responsible for...

〜は私のせいです

- -

be responsible for... は「〜に責任がある」の意味。フレーズ全体を I'm to blame for... という形で言い換えることも可能だ。

442 my apologies for...

〜をおわびします／〜でごめんなさい

- -

どちらかと言うと、口頭よりもメールやテキストメッセージの中で使われることが多い。My apologies.（ごめんなさい）だけでもよく用いられる。

443 Please forgive me.

許してください。／ごめんなさい。

- -

事実上、謝罪の言葉として使われる。命令文なので、必ず please を付けて、ていねいな表現にする必要がある。

I'm so sorry I lost your pen. **How can I make it up to you?**

本当にごめん、君のペンをなくしちゃったんだ。何と言って謝ればいいのか。

I didn't mean it, but I'm afraid I hurt your feelings. I'm sorry.

そんなつもりはなかったんだけど、気分を害してしまったようだね。ごめん。

I put the cup too close to the edge, so **I'm responsible for** it falling and breaking.

私がカップを端に寄せすぎたから、それが落ちて割れたのは私のせいです。

I couldn't check my messages for a while because I was in class. **My apologies for** the delay.

授業中だったのでメールをチェックできなかったんだ。返事が遅くなってごめん。

Please forgive me. I didn't realize you were waiting for me.

ごめんなさい。あなたが私を待ってくれていたのに気づかなかったんです。

444 **This won't happen again.**

こんなことは二度としません。

- -

自分の行動というよりも、自分が起こしてしまった状況についてわびる言葉。I won't [I'll never] let this happen again. のように言い換えることもできる。

445 **Forget about it.**

気にしないでください。

- -

謝罪に対する応答の言葉のひとつ。直訳は「それについては忘れてください」。よく似たフレーズに Forget it. があるが、こちらは自分が何か言いかけて「やっぱり何でもない」とやめるときや、相手の要求を断るときなどに使う言葉で、使いどころが異なる（569 を参照）。

446 **It could happen to anyone.**

誰にでもあることですから。

- -

謝ってきた相手を慰めるときの言葉。この could は、文法的には仮定法過去で「あり得る、起こり得る」の意味を表す。

447 **Never mind.**

気にしないでください。

- -

この mind は「～を気にする」の意味。「気にしないでください」と言いたいときに、Don't mind. とは言わないので注意。Don't worry. なら言える。

448 **That's OK.**

かまいませんよ。

- -

相手の謝罪を許すときの言葉のひとつ。That's all right. と言っても、ほぼ同じニュアンス。No problem. も同様の状況でよく使われる。

I forgot to set my alarm last night and overslept this morning. **This won't happen again**, I promise.	昨夜目覚ましをかけ忘れて、今朝、寝過ごししてまったんだ。こんなことは二度としないよ、絶対に。
Forget about it. It was no problem at all.	気にしないで。全然かまわないから。
I made the same mistake when I was a freshman. **It could happen to anyone.**	僕も1年生のときに同じミスを犯したよ。誰にでもあることさ。
Never mind. Everything turned out fine in the end.	気にしないで。最後にはすべてうまくいったんだから。
That's OK. We can change our club meeting day to next Wednesday.	かまわないよ。クラブのミーティングの日を来週の水曜日に変更すればいいから。

Section 3
話を切り出す & 話をまとめる

キーフレーズ 449 - 453　🔊 file 105

449 I'm sorry to interrupt you, but...

お邪魔してすみませんが〜

誰かと話をしていたり、勉強や読書などをしている人に話しかけるときの切り出し文句のひとつ。interrupt は「〜に割り込む、〜を遮る」という意味の他動詞。

450 sorry to disturb you, but...

お邪魔してすみませんが〜

449 と同じく、割り込んで人に話しかけるときの言葉。こちらのほうが、ややくだけた言い回しだ。disturb は「〜を邪魔する、〜を妨げる」の意味。

451 Can I talk to you for a minute?

ちょっと話をしてもいいかな？

時間は取らせないから話がしたい、というニュアンスで、頼みごとや相談を持ちかけるときの言葉。for a minute は「短い間、短時間」。Do you have a moment? や Can I have a quick word with you? などと言い換えられる。

452 Can we talk?

今、話せる？

これも、相談を持ちかけるときにかける言葉のひとつ。シンプルだが、深刻な話を切り出すときにも使えるフレーズ。

453 Do you have time to spare?

時間がありますか。

相手に話したいことや、頼みたいことがあるときに、声をかけるためのフレーズ。spare は「〜（時間など）を割く」という意味の他動詞。

I'm sorry to interrupt you, but could you go over to the lab and make sure everything is running smoothly?	お邪魔して申し訳ないけれど、実験室へ行って万事うまくいっているか確認してきてくれませんか。
Sorry to disturb you, but is there a Sandra Velasquez in your class? I was told she was looking for me.	お邪魔してすみませんが、あなたのクラスにサンドラ・ベラスケスさんはいますか。私を探していたと言われたんですが。
Can I talk to you for a minute? I want to discuss next week's class presentation.	ちょっと話をしてもいいかな？ 来週の授業でする発表のことで相談したいんだけど。
Hey, I thought of an idea for the group work. **Can we talk?**	ねえ、グループワークのためのいいアイデアを思いついたんだ。今、話せるかな？
Do you have time to spare? We were planning to arrange the club's practice schedule, so everyone needs to be in the room.	君たち、時間ある？ クラブの練習スケジュールを組むことにしていたので、全員、部室に来てもらう必要がある。

454 Do you mind if I ask you a question?

ひとつ質問してもいいですか。

質問を切り出すときの、ていねいな表現。I have a question.（質問があります）
よりも、遠慮がちに響く。Could I ask you a question? と言い換えてもいい。

455 Have you heard?

聞いた？

うわさ話や最新情報などを切り出すときによく用いられるフレーズ。現在完
了形が使われているのは、話が新しいことを示唆している。

456 I have something to ask you.

聞きたいことがあるんです。

質問を切り出すときの表現のひとつ。「つかぬことを聞くけど……」といった
ニュアンスが込められていることもある。I have something to talk to you
about. と言えば、「話があります」の意味。

457 I need to talk to you.

話したいことがあるんだけど。

話の切り出し文句のひとつだが、状況によっては「話しておかなくてはなら
ないことがある」といった深刻なニュアンスが込められている場合もある。

458 I'd like to have a word with you.

話したいことがあります。

話したいことや相談があることを、ていねいに相手に伝えるフレーズ。have
a word with... は「～と言葉を交わす、～と（少し）話す」の意味。

Do you mind if I ask you a question? This program keeps crashing after I open it. What should I do?

ひとつ質問してもいいかな？　このパソコンプログラム、開くたびに落ちちゃうんだ。どうしたらいいだろう？

Have you heard? There's a new gym opening on the south side of the campus. I'm excited about going.

聞いた？　キャンパスの南側に新しいジムがオープンしたんだ。行くのが楽しみだよ。

I have something to ask you. Have you seen the handouts? I left them on my desk, but they disappeared.

聞きたいことがあるんだけど。資料を見なかった？　机の上に置いておいたんだけど、なくなったんだよ。

I need to talk to you. I just heard from John that the study session tonight was canceled.

話しておかないとね。さっきジョンから聞いたんだけど、今夜の勉強会は中止になったんだって。

Simon, **I'd like to have a word with you.** I heard from members of your group that you haven't been contributing equally to the assignment.

サイモン、話したいことがあります。あなたのグループのメンバーから聞いたのですが、あなたは課題に対して他の人と同じだけ貢献していないそうですね。

459 Check this out.

この話、聞いてよ。／これ、見てよ。

----

check... out には「〜をよく見る、〜を調べる」といった意味がある。この this は「今から話すこと（見せるもの）」を指し、ぜひとも相手に聞いてほしい話や見てほしいものに、相手の注意を引くために使われる表現。

460 Get a load of this.

この話、聞いてよ。

----

a load of... は「多量の〜、大量の〜」という意味を表す。Get a load of this. は「これについてたくさんの情報をつかめ」、転じて「（面白いから）話をよく聞いてくれ」といったニュアンスで使われる。非常に口語的な表現。

461 Guess what!

聞いて！

「（今から）何を言うか推測してごらん」というのが、このフレーズの直訳的な解釈。「面白い話があるよ」というニュアンスで、相手の注意を引きつけるために使う。

462 You know what?

ねえ、聞いて。

----

461 と同様に、話を切り出す際に、注意を引きつけるために使う表現。「（今から）何を言うかわかる？」が文字どおりの意味。

463 my conclusion is...

結論は〜

話をまとめるときの切り出し文句のひとつ。このように my を使うと、自分の見解を半ば一方的に述べる印象を与えがちになるが、my の代わりに our を用いれば、相手を含めた総意としての「まとめ」を述べることができる。

Check this out. This post says a celebrity is coming to our school festival.

これ、見てよ。この投稿によると、うちの学園祭に有名人が来るんだって。

Get a load of this. Rob forgot to put his parking sticker on his car, so the university towed it this morning. I saw him complaining at the administration office!

この話、聞いてよ。ロブが車に駐車許可証を貼り忘れて、大学が今朝、車をレッカー移動しちゃったんだ。彼が管理事務所で文句を言っているところを見たよ！

Guess what! The professor decided to give us an extra-credit assignment! I knew asking her for help would pay off.

聞いて！ 教授が特別評定課題を出してくれることになったんだ！ やっぱり彼女に頼むと報われるよ。

* extra-credit assignment（特別評定課題、プラスアルファ評定課題）とは、やらなくてもいいけれどもやると成績が上がる課題。

You know what? I think I'll skip out on going to the cafeteria today. I have a craving for burritos.

ねえ、聞いて。私、今日はカフェテリアへは行かないつもりなの。どうしてもブリトーを食べたいのよ。

My conclusion is that our experiment went well overall, but we learned a lesson on how to work safely.

結論として、私たちの実験は全体的にうまくいきましたが、安全な作業の仕方について教訓を得ました。

464 to wrap things up, ...

話をまとめると〜／話の最後に〜

Chapter 1 の Section 3 でも触れたとおり、wrap up... は「〜をまとめる、〜を終える」の意味を表す。会話よりも、簡単なスピーチや発表などの終わりに用いられることが多い。

465 I'd better let you go.

そろそろ終わりにしたほうがいいですね。

相手に配慮する形で話を切り上げるためのフレーズ。had better do（〜したほうがいい）には「そうしないと困ったことになる」というニュアンスがあるので、使いどころに注意が必要だ。

466 I have to get back to...

そろそろ〜に戻らなければなりません

話を切り上げるきっかけを作るためのフレーズ。get back to...（〜に戻る）は、Let's get back to what we were talking about.（話を元に戻しましょう）のように、話題を本筋に戻すための表現としても使える。

467 I should get going.

そろそろ行かなければなりません。

466 と同じく、話を切り上げたいときに使える表現。get going は「出発する、出かける」という意味。

468 It was nice talking to you.

お話しできてよかったです。

話を切り上げ、その場を立ち去るときのあいさつの表現。初めて言葉を交わした相手との別れ際や、ふだん口を利くことの少ない相手とじっくり話した後などに使われることが多い。

To wrap things up, I would like to thank everyone for their time and effort in making sure this alumni event was a success.

最後になりましたが、皆さんに時間と労力を割いていただき、確実にこの卒業生向け行事を成功へ導いてくださったことにお礼を申し上げます。

Oh, it's getting late, and I know you have a test tomorrow. **I'd better let you go.**

ああ、もう遅くなってきたし、君は明日テストがあるんだったね。そろそろ終わりにしたほうがいい。

I have to get back to my office now. If you have any more questions, please send them to my e-mail.

そろそろ研究室に戻らなければ。さらに質問があれば、私宛にメールを送ってください。

I should get going. My next class is in ten minutes, and I have to go across the quad.

もう行かないと。次の授業が10分後に始まるんだけど、キャンパスの反対側まで行かなくちゃならないんだ。

It was nice talking to you. If I have other questions about dorm life or classes, would it be OK to ask you?

お話しできてよかったです。寮生活や授業のことでわからないことがほかにもあったら、お尋ねしてもよろしいでしょうか。

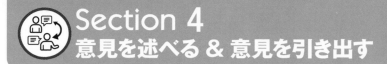

Section 4
意見を述べる & 意見を引き出す

キーフレーズ 469 - 473 ◀ file 109

469 Can I say a few words?

ちょっと考えを述べてもいいですか。

- -

a few words は「二言三言（ふたことみこと）」の意味なので、意見や考えを述べたいときだけでなく、簡単なあいさつや、激励の言葉などを切り出す場合にも使える。

470 from my point of view, ...

私の考えでは〜

- -

自分の意見を述べるときの枕詞として使えるフレーズ。point of view は「考え方、見解」という意味。

471 in my opinion, ...

私の考えでは〜

- -

opinion の代わりに view が使われることもある。また、My opinion is that... という形もよく用いられる。

472 I have a thought.

考えがあります。／こうしたらどうですか。

- -

thought は「考え、案」といった意味の語で、opinion（意見）ほどしっかりまとまったものではないニュアンスがある。

473 I have an idea.

考えがあります。／ひとつ思いつきました。

- -

idea は 472 の thought に近いが、「思いつき、着想」といった、さらに不完全な意見の断片を指す語だと言える。何かがひらめいた瞬間に口に出すことが多いフレーズ。

I understand the opinions of people who are against the tuition increase. **Can I say a few words?**	授業料の値上げに反対している人たちの意見はわかりました。ちょっと考えを述べてもいいですか。
From my point of view, we should take a statistics class rather than a history class as a prerequisite course for economics.	私の考えを言うと、経済学専攻の必修科目として、歴史の授業よりも、統計学の授業を取ったほうがいいと思います。
In my opinion, we should spend a bit more time exploring the neighborhood around the university.	私の考えでは、大学周辺地域の調査にもう少し時間をかけたほうがよさそうです。
Remember when we were considering whether to live in off-campus housing or in an apartment? **I have a thought.** Let's find out what's available.	キャンパスを出て一戸建てに住むかアパートに住むか検討してたことを覚えてる？　こうしたらどうかな。どっちなら空いてるか調べてみようよ。
I have an idea. We can have a conference call in the car and talk about our next group presentation as we drive to the stadium.	ひとつ思いついたよ。競技場へ向かう車の中で電話会議をすれば、今度のグループ発表について話ができる。

474 the thing is, ...

実は～／（でも）問題は～

要点や問題点を指摘するときの切り出し文句として使われる。thing に定冠詞 the が付くことに注意。is の後には、that 節などの節が続くことが多い。

475 I have a suggestion.

提案があります。

何らかの解決策を示したり、相手に行動を促したりするときに、この言葉で切り出すことができる。suggestion は「提案、提言」を表す最も一般的な語。

476 I'm having second thoughts.

考え直しています。／再検討しています。

second thoughts は「再考、再検討」の意味で、このように複数形で用いられることが多い。on second thought（よく考えてみると、やっぱり）という副詞句もよく用いられる。

477 I've changed my mind.

考えが変わりました。

シリアスな議論を交わす場面では mind の代わりに opinion が使われることもある。一方、I've changed my mind. は、状況次第で「気が変わった」という軽い意味でも用いられる。

478 I think so, too.

私もそう思います。

誰かと同意見であるという自分の立場を表明するときの表現。I agree.（賛成です）も同意を表すフレーズとして使われる。

I know you planned to study in the library until late at night. **The thing is,** it closes early on Sunday.

君が図書館で夜遅くまで勉強するつもりなのはわかってる。問題は、日曜日には図書館が早く閉まってしまうことだ。

I have a suggestion. Before submitting our reports, why don't we meet a couple of times to discuss them?

提案があります。レポートを提出する前に、2、3回会って、内容について話し合ってはどうでしょうか。

Everyone says that changing my major is a wonderful idea, but **I'm having second thoughts.**

みんな、私が専攻を変えるのはとてもいい考えだと言うのですが、よくよく考え直しているところです。

I've changed my mind. I accept your apology. I'm sorry for rejecting it earlier.

考えが変わったよ。君の謝罪を受け入れることにする。最初に拒んでしまってごめん。

Ian said that we should fix all of the problems with the report before submitting it. **I think so, too.**

イアンによると、レポートの問題点をすべて修正してから提出したほうがいいって。私もそう思う。

479 I'm positive.

間違いありません。／もちろんです。

強い肯定の意見や賛意を述べるときの言葉。この positive は「確かな、疑いのない」という意味を表す。

480 No doubt about it.

間違いありません。／もちろんです。

文頭に There's... が省略されている。doubt は「疑い、疑念」の意味。この doubt の代わりに question（疑問）を用いることもできる。

481 That sounds good.

良さそうですね。

相手の意見や提案に対して、軽い同意を伝える表現。Sounds good. と、文頭の that が省略されることも多い。

482 That sounds like a good idea.

良さそうな考えですね。

----

481 とよく似たフレーズだが、こちらは sound like... の like が前置詞なので、直後に good idea という名詞句が続いている。この表現でも that が省略できる。また、Sounds like a plan. と言い換えることもできる。

483 That's a good idea.

それはいい考えですね。

相手の意見や提案に対して、明確な同意を伝える表現。good のかわりに great も使える。

This idea will be a big success. **I'm positive.** So you don't need to worry too much about a backup plan.	このアイデアはとてもうまくいくよ。間違いない。だから、代替案のことはあまり心配しなくていい。
What Diane said was true. **No doubt about it.**	ダイアンが言ったことは事実です。間違いありません。
Have lunch at the coffee shop? **That sounds good.** We can finish our homework there.	あのコーヒーショップでランチを食べるの？ 良さそうだね。あそこで宿題をすませてしまえばいいし。
We heard about the plan to install vending machines in the dorms. **That sounds like a good idea.** Everyone's on board.	寮に自動販売機を備え付ける計画があるそうだよ。良さそうなアイデアだね。みんな乗り気だよ。
That's a good idea. We will implement it and see what happens over the next few weeks.	それはいい考えですね。実際にやってみて、このあと数週間かけて、どうなるか見てみましょう。

484 That's exactly my point.

私もまったく同意見です。／まさにそれを言いたかったのです。

この point は「意見、主張、論点」の意味。強調の exactly を省いて That's my point. だけで使われることも多い。

485 Do you have any ideas?

何か考えはありますか。／何かいい考えはありませんか。

特定の個人だけでなく、その場にいる複数の人たちに対して投げかける言葉としても使える。Any ideas? という省略した形も、よく用いられる。

486 How do you feel about it?

それをどう思いますか。

「どう思う」の「どう」に how を用いる場合には、このように動詞は think ではなく feel にする。think を使うのであれば、487 のように疑問詞には what を用いなければならない。

487 What do you think?

どう思いますか。

相手に意見を尋ねるときの最も一般的な表現。how ではなく what を使って尋ねる点に注意したい。think の後に about it や of it を続けることも多い。

488 What's your view on this?

これについてどう思いますか。

---

view on... の形で「〜についての見解、〜についての考え」という意味を表す。前置詞が about や of ではなく、on である点に注意。

Yes, I know we don't have enough time. **That's exactly my point.**	ええ、十分な時間がないのはわかっています。私はまさにそのことを言いたかったのです。
We need to come up with a solution to this statistics issue. **Do you have any ideas?**	私たちはこの統計上の問題の解決策を思いつかなければなりません。何か考えはありますか。
Tim's just made an interesting suggestion. **How do you feel about it?**	ティムが今、興味深い提案をしてくれました。それについてどう思いますか。
We need to decide whether to go downtown to get the materials or to pay a bit more at the school store. **What do you think?**	街へ行って材料を調達するか、少し余計に払って学内の購買部で買うか決めなければならない。どう思う？
The tuition cost is going to increase again this year. **What's your view on this?** Do you think it's sustainable?	授業料が今年また上がるんだよ。この件、どう思う？ 持ちこたえられると思う？

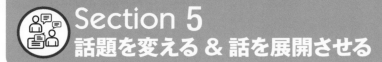

Section 5
話題を変える & 話を展開させる

489 **by the way, ...**

ちなみに〜／なお〜／そう言えば〜

話題を変えたり、話を発展させるときの最も一般的なつなぎ言葉。それまで話していたことから連想される範囲内で別のトピックへ移る、といったニュアンスのフレーズで、まったく無関係の話題に飛ぶときには使わない。

490 **incidentally,...**

ちなみに〜／ついでに言えば〜

489 の by the way,... とほぼ同じように使えるが、こちらのほうが硬くフォーマルな印象を与える。incidentally は本来「付随して」という意味の副詞。

491 **Do you mind if I change the subject?**

話題を変えてもかまいませんか。

話題を変えることへの相手の許可を求める表現。比較的あらたまった場にいるときや、それまでの話題に相手がいつまでも固執しているときなどに効果のあるフレーズだ。

492 **this is a little off topic, but...**

少し本題から外れますが〜

a little off topic とは「少し外れた話題」の意味で、この off は「本筋から離れた」という意味の形容詞。主語の this は、これから話そうとしていることを指す。

493 **to change the subject, ...**

ところで〜／話は変わりますが〜

これまでの話の内容や流れとはまったく異なる方向へ話題を転換したいときに使う、前置きの表現。日本語の「ところで〜」に最もニュアンスが近いフレーズと言えるだろう。

The deadline is midnight on Friday. **By the way,** if you think you might miss it, you can apply for an extension.

締め切りは金曜日の午前零時です。ちなみに、もし遅れそうだと思うなら、期限の延長を申請できます。

You can find a map of the new student commons building in the guidebook. **Incidentally,** have you had a chance to go there?

案内冊子の中に新しい学生会館の館内地図がありますよ。ちなみに、そこに行ったことがありますか。

Do you mind if I change the subject? What are we going to do about classes being canceled next week?

話題を変えてもいいですか。来週、休講になる授業について、どうすればいいのでしょうか。

This is a little off topic, but I can't find my USB with the assignment. I'll take a break and look for it.

ちょっと話がそれるけど、宿題を収めた USB メモリーが見つからないんだ。ちょっと休憩して探してみるよ。

To change the subject, does anyone know of a good taco place around here?

ところで、誰かこの近くにおいしいタコスの店を知らない？

494 to get off the subject a moment, ...

ちょっと話を変えますが〜

この get off... は「〜から離れる」の意味。「少しの間、本題から離れますが〜」というのがこのフレーズの文字どおりの意味で、いずれまた元のトピックに戻るつもりであることが示唆される。

495 come to think of it, ...

そう言えば〜

相手の言ったことや、話題にのぼっていることをとらえて、話を展開したいときのつなぎ言葉。この it は、直前に出た話の内容やキーワードを指す。

496 if so, ...

それなら〜／そうなると〜

前提条件や可能性などを述べて、話を展開させるときの合図となるフレーズ。直前に誰かが言ったことを受けて、自分が話を展開させようとするときにも使える。

497 if that's the case, ...

そういうことなら〜／それが本当なら〜

この case は「事実」の意味。相手やまたは別の誰かの意見・指摘を受けて、話を展開させるときのつなぎ言葉として使われる。

498 in other words, ...

言い換えると〜／そうなると〜

直前に述べられた事柄から結論を導き出したり、別の可能性や展開を示したりするときに使う表現。単に、物事をかみくだいて説明したいときにも使える。

To get off the subject a moment, I heard that Professor Egret is retiring. We should take his class before it's too late.	ちょっと話は違うけど、イーグレット教授が退官するそうだよ。今のうちに教授の授業を取っておいたほうがいいね。
Come to think of it, I saw him before in my Econ 101 class. Maybe he remembers me, too.	そういえば、以前、彼を「基礎経済学」の授業で見かけたよ。たぶん彼も、こっちのことを覚えているだろう。
There might be traffic jam because of the football game tomorrow. **If so,** we should plan to get to the university on foot.	明日は道が渋滞するかもしれない、フットボールの試合があるからね。そうなると、大学に歩いて行くつもりでいたほうがいいかも。
There's a job opening for a research assistant? **If that's the case,** I will definitely apply for it.	研究助手の職に欠員があるの？　そういうことなら、ぜひとも応募するよ。
There was a big accident on the express way and they're rerouting traffic. **In other words,** we won't get back to the dorm by 11:00 p.m.	高速道路で大きな交通事故があったせいで、迂回させられているんだ。そうなると午後 11 時までに寮に戻るのは無理だね。

499 it occurred to me that...

そういえば〜／思い出したけど〜

この it は that 以下の節の内容を受けている。話の流れの中で思いついたり思い出したことを述べて、話を展開させたり話題を変えたりするときに使う。

500 now that...

〜なので／〜ということなので／〜という状況である以上

話を展開させる上での前提条件を述べるためのフレーズ。このフレーズ全体が条件・理由を表す接続詞としての役割を担っており、例文のようにふたつの節が続く。

501 speaking of which, ...

そうなると〜／それについて（さらに）言うと〜

自分が直前に述べた事柄を、さらに発展させていくときに使うフレーズ。詳細な説明を付け加えたいときにも使える。

502 as I said earlier, ...

先程言ったとおり〜

話を軌道修正するときに使えるフレーズのひとつ。いったんそれてしまった話題を元に戻したり、ぼやけてしまった話の焦点をはっきりさせたりしたいときに役に立つ。主語の I は状況に応じて別の人に置き換えて使うことができる。

503 in any case, ...

どうあれ〜／とにかく〜

直前までの話の内容や展開に関係なく、明確な持論や結論を提示したいときに用いられる表現。anyway, ... という形でも置き換えられる。

It occurred to me that we only have two parking spots. What if our roommate also wants to park his car?

そういえば、ここには駐車スペースがふたつしかないんだ。ルームメートが車を止めたいときにはどうすればいいのかな。

Now that a bigger budget has been allocated to our department, the professor said we can start ordering new computers for the lab.

うちの学部の割り当て予算が増えたので、教授の話によると、研究室向けに新しいパソコンを発注し始めていいそうだよ。

I went to the store and found a microwave for the common room. **Speaking of which,** they only had one in red. I hope that's fine.

店に行って、共用部屋に置けそうな電子レンジを見つけたよ。それについて言うと、店には赤いのが1台あっただけなんだ。それで問題なければいいんだけど。

As I said earlier, we each need to make five slides for the group presentation tomorrow. The clock is ticking.

さっき言ったとおり、各自が明日のグループ発表のために5枚ずつスライドを作る必要があるんだ。あまり時間がないよ。

There are flight delays because of the snow. **In any case,** I'm determined to go to the career fair.

雪のせいで飛行機が遅れているんだね。ともあれ、就職フェアには絶対に行くつもりだよ。

504 That reminds me.

それで思い出したことがあります。／それで思いついた。

- -

相手の話の内容などから、何か別の事柄に思い当たり、そちらへ話題を転換しようとするときのつなぎ言葉。この that は、相手の話の内容や今まで話していたことを指す。

505 all jokes aside, ...

冗談はさておき〜

- -

自分または他の誰かが何か冗談を言って、話の流れが遮断された後で、軌道修正するときのキーフレーズ。話を元に戻す役割を持っている。

506 Let's get into the main topic.

本題に入りましょう。

- -

議論や発表などの場で、導入や雑談から話を切り替えて本題に入るときの橋渡しとなる表現。Let's get to the main issue. と言い換えることもできる。

507 Let's return to our main topic.

本題に戻りましょう。

- -

話がそれた後で、元に戻すために用いられるフレーズ。return の代わりにget back を使うこともできる。

508 Let's skip to the next point.

次の話に移りましょう。

- -

議論や発表の場で、話題を変えたいときの合図となるフレーズ。skip の代わりに move on（移る）を、point の代わりに issue や subject、topic を用いることも可能だ。

The sun is really bright! **That reminds me.** We need to bring bottled water to the practice today.	太陽が本当にまぶしいね！ それで思い出した。今日の練習には水のボトルを持っていかないとね。
Oh, it's Marco the coding robot! **All jokes aside,** you've done a great job on this project, Marco.	さすが、プログラミングロボットのマルコ！ 冗談はさておき、君はこの課題で本当に頑張ったね、マルコ。
Thank you for your self-introductions. Now, **let's get into the main topic —** our group work for next month.	自己紹介してくれてありがとう。じゃあ、本題に入ろうか——来月のグループワークについて。
We're spending too much time talking about small rule changes. **Let's return to our main topic** before time runs out.	規則の細かい変更についての話に時間をかけすぎている。時間がなくなる前に本題に戻ろうか。
We don't have a lot of time left, so **let's skip to the next point** in our presentation. Questions will be answered after.	もうあまり時間が残ってないので、この発表の次の話に移りましょう。ご質問には、のちほどお答えします。

Section 6
依頼する & 許可を求める

キーフレーズ 509 - 513　🔊 file 117

509 Can I ask you a favor?

お願いを聞いてもらえますか。／頼みたいことがあります。

依頼事項があることをストレートに伝える表現。favor は「親切心、親切な行為」を表す。you の後に for を入れることもある。また、Can I ask a favor of you? とも言える。

510 Could you do me a favor?

お願いを聞いていただけますか。／お願いしたいことがあります。

509 の Can I ask you a favor? よりもていねいでフォーマルな表現。Could you do a favor for me? と言い換えることもできる。

511 I have a big favor to ask.

ぜひお願いしたいことがあります。

have a favor to ask で「頼みたいことがある」という意味を表す。favor を強調するときには、たいてい big が用いられる。

512 Could you do...?

〜していただけますか

ていねいな依頼を導くオーソドックスなフレーズ。Would you do...? よりも、こちらのほうがよく用いられる。Can you do...? だと、カジュアルで気軽な依頼という感じになる。

513 Do you mind -ing?

〜してもらえませんか

mind は「〜を気にする、〜を嫌がる」の意味なので、このフレーズは「〜するのは嫌ですか」と尋ねていることになる。したがって、この表現による依頼を承諾するときには No. と応答しなければならない。Would you mind -ing? と言えば、よりていねいになる。

Can I ask you a favor? I need someone to check my paper for errors. Are you free?

頼みがあるんだけど。誰かに僕のレポートに間違いがないかチェックしてもらいたいんだ。手は空いてる？

Could you do me a favor? I'm going to an away game with the team tomorrow, so could you pick up my assignments in class?

頼みを聞いてもらえますか。明日、試合で遠征する予定なので、授業で私の分の課題をもらっておいてくれませんか。

I have a big favor to ask. My car broke down, so could you drive me to school today? I have a final exam.

どうしてもお願いしたいことがあるんです。私の車が故障してしまったので、今日学校まで乗せていっていただけませんか。期末試験があるんです。

Could you help me practice my presentation? It would be a big help if you could.

発表の練習を手伝ってもらえないかな？　やってもらえるととても助かるんだ。

I had my phone repaired and I need to go pick it up. **Do you mind driving** me to the store?

携帯電話を修理してもらったのですが、それを取りに行かなくてはならないんです。店まで車に乗せていってもらえないでしょうか。

514 Do you think you could do...?

〜してもらえますか

could が使われているが、比較的カジュアルな依頼の言葉。「私に代わって〜
してもらえますか」というニュアンスで使われることが多い。

515 I was wondering if it would be possible for you to do...　〜していただけないかと思っていまして

過去形を使ったかなり回りくどい言い回しだが、その分、遠慮の気持ちやて
いねいさが強く表れる。頼みにくいことを頼むときや、目上の人に何かを依
頼するときに使える。

516 I'd appreciate it if you could do...

〜していただけると大変ありがたいのですが

it は if 以下の節の内容を指している。この I'd は I would を縮めた形。
would および could が使われた、かなりていねいで強い依頼の表現と言える。

517 If it's not too much trouble, could you do...?

もし面倒でなければ、〜してもらえませんか

この trouble は「面倒、迷惑」の意味。面倒なことを頼んで申し訳ない、といっ
た気持ちを表す表現。

518 Would it be possible for you to do...?

〜してもらうことはできますか

相手の都合を聞く形で、何かを依頼する表現。possible と意味が重複してし
まうので、文頭の would を could や can に置き換えることはできない。

Do you think you could give me some advice? I have no idea where to go to eat around here.

アドバイスしてもらえる？　このあたりではどこへ食べに行けばいいのかまったくわからないの。

I was wondering if it would be possible for you to lend me your notes. It would be a big help.

ノートを貸してもらえないかと思ってるんだけど。貸してもらえると本当に助かる。

I took some over-the-counter medicine, but I don't feel any better. **I'd appreciate it if you could give** me the number of the student health center.

市販の薬を飲んだのですが、気分が良くなりません。学生医療センターの電話番号を教えていただけると本当にありがたいのですが。

If it's not too much trouble, could you tell me what the professor covered in class last week? I was absent.

もし面倒でなければ、先週の授業で教授が何を話したか教えてもらえないかな。欠席したんだ。

My laptop keeps freezing and I need to finish this paper tonight. **Would it it be possible for you to lend** me yours?

僕のノートパソコンはしょっちゅうフリーズして動かなくなるんだ。だけど、レポートは今夜仕上げなければならない。君のを貸してもらえないかな。

519 Could you help out?

手伝っていただけますか。

- -

help out は「手伝う、力を貸す」という意味の自動詞句。Could you give me some help? と、名詞 help を使って言い換えることもできる。

520 I need some help.

手伝ってほしいのです。／頼みがあるのです。

- -

この help は「手伝い、助力」の意味の不可算名詞なので、直前の some は可算名詞に付ける不定冠詞 a と同様に、明確な意味を持たない。some の代わりに your を用いることもできる。

521 I wonder if you can help me.

手伝ってもらえませんか。

- -

I wonder if...（〜かなあ）を使うと、軽いためらいや遠慮の気持ちを表現できる。I wonder if you can... → I'm wondering if you can... → I was wondering if you could... の順にていねいになる。

522 Please don't say no.

ぜひとも頼むよ。

- -

カジュアルな依頼の表現。先に依頼の内容を述べてから、これを使う。文脈次第で、許可を求める表現として用いることもできる。

523 Please lend me a hand.

ちょっと手を貸してください。

- -

lend... a hand は「〜に手を貸す」の意味で、help と言い換えることもできるが、「非常に簡単なことを手伝う」というニュアンスを含んだ表現だ。

We need to clean up before the RA comes to inspect our rooms. **Could you help out?**

＊RA（resident assistant/advisor）は寮に住んで他の寮生の監督や支援をする学生。

寮生アドバイザーが部屋を点検に来る前に掃除しなければならないんだ。手伝ってもらえるかな？

I need some help. I'm moving to another room in the dorm tomorrow. Could you give me a hand?

頼みがあるんだ。明日、寮の別の部屋に移るんだ。手伝ってもらえないかな。

I wonder if you can help me. I'm a freshman and need a computer, but I don't know which models are reliable.

手伝ってもらえませんか。私、１年生で、パソコンが必要なんですが、どのモデルが信頼性があるのかわからないんです。

We want you to sing at the school event. **Please don't say no!**

学内イベントで君に歌ってほしいんだ。ぜひとも頼むよ！

My, these chairs are heavy! I can't carry them all by myself. **Please lend me a hand.**

わっ、この椅子、重たい！ひとりじゃ全部運べないよ。ちょっと手を貸してよ。

524 Could I do...?

〜してもいいでしょうか

許可を求めるときによく使われる言い回しのひとつ。could を can に変えれ
ば、よりカジュアルになる。

525 Do you mind if I do...?

〜してもいいでしょうか

----

513 と同様に動詞 mind を用いているが、if I do... と I を主語にした節を続
けることで、依頼ではなく許可を求める表現になる。

526 Is it OK if I do...?

〜してもいいでしょうか

許可を求めるだけではなく、「(自分が) 〜しても問題ありませんか」と単に
相手の見解を尋ねるときにも使える。

527 Do you think I could do...?

〜してもかまいませんか

----

514 のフレーズの you を I に置き換えた形。こうすることで、依頼のフレー
ズが許可を求めるフレーズに変わる。

528 Would it be OK for me to do...?

〜してもかまいませんか

----

526 をよりていねいにした形のひとつ。これも 526 と同様に、「(自分が)
〜したとしても問題ないだろうか」と意見を求める表現として使うこともで
きる。

Could I invite a couple of friends over tomorrow? We want to study for the final together.

明日、友だちをふたりばかり呼んでもかまわないかな。一緒に期末試験の勉強をしたいんだ。

Do you mind if I sit here? My name is Haruka. You're in Mr. Joubert's French class, aren't you?

ここに座ってもいいですか。ハルカです。あなたはジュベール先生のフランス語の授業を取っていますよね？

Is it OK if I hand in the first section of the assignment first? That way you could tell me if I'm on the right track.

課題の最初のセクションを先に提出してもいいでしょうか。そうすれば、方向性が正しいかご判断いただけると思うのですが。

I won't be able to take this test on Monday. **Do you think I could take** a make-up test?

月曜日の試験を受けられないんです。追試を受けてもいいでしょうか。

Would it be OK for me to play the dorm piano at night? Or do you think the noise would bother everyone?

寮のピアノを夜に弾いてもかまいませんか。それとも、音で皆さんに迷惑をかけてしまうと思いますか。

Section 7
提案する & 勧誘する

キーフレーズ 529 - 533　🔊 file 121

529　my proposal is that...
〜を提案します

最もストレートに提案を行う表現のひとつ。proposal は「（積極的な）提案」の意味を表す。この場合の that 節内の動詞は、節の主語いかんによらず原形で用いられる点に注意したい。

530　my suggestion is that...
〜を提案します

529 とよく似ているが、suggestion（提案）のほうが proposal よりも一歩引いた軽めの提案という印象を与える。that 節内の動詞が原形で使われる点は、proposal の場合と同じ。

531　Here's an alternative.
代案があります。

別の案を提示するときの表現。alternative は「代案、別の選択肢」の意味を表す。このフレーズを述べた後に、具体的な提案を行う。I have an alternative. とも言える。

532　Is there something I can do...?
何か〜できることはありますか

何かに困っている相手に対して、援助の手を差し伸べるときの言葉。このように疑問文で anything ではなく something を用いると、「当然（できることが）あるでしょ？」という気持ちが表現でき、相手に yes の返答を促す効果がある。

533　Would you like to do...?
〜しませんか

相手の意向を尋ねる形をとって、間接的に勧誘したり行動を促したりする表現。相手に判断を委ねているので、押し付けがましさを抑えられる。

My proposal is that we ask each of the new members to tell us about their hometown.

新しいメンバーには各人の出身地について話してもらうよう頼むことを提案します。

My suggestion is that we have a list of facts and statistics ready in case the other students ask tough questions.

事実と統計値の一覧を用意して、他の学生が難しい質問をしてきた場合に備えることを提案します。

Here's an alternative. We could make two groups, and have a morning session and an afternoon session.

代案があります。2班に分ければ、午前中の回と午後の回を設けられますよ。

You seem so busy. **Is there something I can help** you with?

忙しそうね。何か手伝えることはある？

Would you like to see the main library? I can take you there.

中央図書館を見学しませんか。私が案内しますよ。

534 Would you like me to do...?

〜しましょうか

----

533 のフレーズに me を加えることで、提案の表現になる。これも相手の意向を尋ねる形をとっているので、軽めの提案のフレーズと言える。

535 Could I offer...?

〜というのはいかがですか／〜しましょうか

相手を思いやったり、相手の役に立とうという気持ちから何かを提案するときの言葉。offer は「〜を申し出る」の意味。could を用いることで、押し付けがましさを取り除くことができる。

536 Does that sound OK?

それでいいですか

具体的な提案を行った後で、その内容で問題ないかを確認するためのフレーズ。Is that OK with you? や Does that work for you? と言い換えることもできる。

537 How about...?

〜はどうですか

----

about の後には動名詞（-ing 形）を続けることが多い。how の代わりに what を用いて What about...? とも言える。How about this?（こういうのはどうですか）といったん言ってから、具体的な提案を述べる方法もある。

538 What do you say to -ing?

〜するのはどうですか

この to の後には、動名詞（-ing 形）をはじめとする名詞・名詞相当語句が続く点に注意したい。What would you say to -ing? と言うと、よりていねいなニュアンスが加わる。

Would you like me to call a taxi for you? It might be difficult to find one in this area.	タクシーを呼んであげましょうか。このかいわいでは見つけにくいかもしれないので。
Could I offer you some help with the presentation next week?	来週の発表をお手伝いしましょうか。
Kate and I could go to the hall early and set up our club's booth. **Does that sound OK?**	ケートと僕が先に会場に行って、クラブのブースを設営するよ。それでいいかな？
How about having a potluck picnic instead of getting food delivered?	持ち寄りでピクニックをするのはどうかな、食べ物を配達してもらうんじゃなくて。
What do you say to taking a break and going out for pizza or something?	ひと休みして、ピザか何かを食べに出るのはどうかな？

539 Why don't we do...?

～しませんか／～しましょう

- -

最も一般的な勧誘表現のひとつ。Let's do... (～しましょう) に近いニュアンスを持っている。Why don't...? は理由を尋ねるものではなく、一種の反語表現。

540 Why don't you do...?

～してはどうですか

- -

539 の we をこのように you に代えると、「～しませんか」という勧誘から「～してはどうですか」という提案の表現に変わる。親しい人に気軽に提案するときに使えるカジュアルな表現。

541 Would you care for...?

～はいかがですか

- -

特に飲食物をすすめるときによく用いられる勧誘表現。care for... は「～を好む、～を欲しがる」という意味を表す。

542 Would you prefer...?

～のほうにしましょうか

- -

相手に選択肢を与える形で提案する表現。prefer は「～のほうがいい、～のほうを好む」の意味を表し、通例、ふたつの選択肢から一方を選ぶときに使われる。

543 I think we should do...

～したほうがいいと思います

- -

we を使うのは、自分を含めた行動について提案する場合。we を you に変えて、I think you should do... と言えば、相手に対するアドバイスになる。

Why don't we invite people from other schools to the event?

他大学の人たちをイベントに招待しない？

Why don't you try out for the dance club? You're a really good dancer.

ダンス部の入部テストを受けてみたらどう？　あなたはとても素晴らしいダンサーよ。

Would you care for something to drink, Professor Anderson?

何かお飲み物はいかがですか、アンダーソン教授？

Would you prefer to have lunch in the cafeteria, or go to an off-campus restaurant?

ランチはカフェテリアで食べましょうか、それとも学外レストランへ行くほうがいいですか。

I think we should invite parents to the after-graduation party, too.

卒業式後のパーティーには保護者も呼んだほうがいいと思います。

544　if I were you, I'd do...

私なら〜するでしょう

- -

「自分ならこうするだろう」と言うことで、間接的に提案・助言を行う表現。were や I'd（＝I would）は仮定法過去で、「私はあなたではないけれども、仮に立場が逆だったら〜」というニュアンスが込められている。

545　it might be a good idea to do...

〜するのがいいかもしれません

- -

自分の推測・判断を伝えることで、間接的に提案・勧誘を行う表現。確信の度合いが低い might を用いると、押し付けがましさを緩和する効果がある。

546　we can do...

〜してもいいですね

- -

軽い提案のフレーズ。we を you に代えれば、自分を含まない、相手に対する提案・助言になる。can の代わりに could を用いれば、より軽いニュアンスになる。

547　we have no choice but to do...

〜するしかありません

- -

提案というよりも勧告に近い、強い判断を伝える表現。we を you に代えれば、相手に対して強く行動を促す言い回しになる。

548　we should do...

〜したほうがいいでしょう

- -

助動詞 should は状況に応じてニュアンスが変わるが、多くの場合、「〜すべきだ」という義務的なニュアンスというよりも、「〜したほうがいい」という意味で、行動を提案したり促したりするための表現として使われる。

If I were you, I'd explain the situation to the professor. Maybe he'll extend the deadline.	僕なら、状況を教授に説明するよ。たぶん締め切りを延ばしてくれるだろう。
It might be a good idea to have a brainstorming session with all the group members.	グループのメンバー全員で集まってブレーンストーミングをするのがいいかもしれない。
We can practice in the gym until 5:00 p.m. After that we'll need to go somewhere else.	ジムで午後5時までトレーニングしてもいいね。その後、どこか他の場所に行かなければならなくなるから。
Two people have the flu, so **we have no choice but to change** the day of the presentation.	ふたりがインフルエンザにかかったので、発表の日程を変えるしかありません。
It sounds like our strengths complement one another, so **we should study** together.	私たち、それぞれの得意分野で助け合えそうだから、一緒に勉強したほうがいいわね。

Section 8
承諾する・許可する・賛同する

549 Be my guest.

いいよ。／かまわないよ。

- -

許可を求められたり何かを依頼されたとき、それを応諾する口語的な表現。
非常にカジュアルな言い回しで、親しい間柄でよく用いられる。

550 Certainly.

いいですよ。

- -

1語で応諾するシンプルな表現。Yes. の代用表現のひとつ。フォーマルな場
面でも問題なく使える。

551 Go right ahead.

いいですよ。／どうぞ。

- -

何らかの行動について許可を求められたときの、応諾の表現。right は省いて
もかまわない。go ahead は「そのまま進む」という意味。

552 Sure thing.

いいよ。／もちろん。

- -

カジュアルで口語的な言い回し。軽い調子で賛意や承諾の意を伝えるもの。
Sure. だけでも、ほぼ同じ意味。

553 I don't mind.

かまいません。

- -

I don't mind if I do...（私が～をしてもかまわない）の意味の承諾の言葉と
しても、I don't mind if you do...（あなたが～をしてもかまわない）の意味
の許可の言葉としても使える。

Do you want to see the archery club's practice room? **Be my guest.**

アーチェリー部の練習場を見たいの？　いいよ。

You'd like to meet Professor Hanson? **Certainly.** I'll introduce you.

ハンソン教授に会いたいのですか。いいですよ。紹介しましょう。

Oh, you'd like to use the restroom? **Go right ahead.**

ああ、トイレを使いたいのですか。どうぞ。

You need my contact information? **Sure thing.** Is my e-mail address OK?

私の連絡先が必要？　いいですよ。メールアドレスでもいい？

You'd like me to trade seats with you? **I don't mind.**

席を替わってほしいの？かまわないよ。

554 No problem.
かまいません。

承諾・許可・賛同を示す言葉として、非常によく用いられる。I don't mind. No problem. のように、同じ役割を持つ他のフレーズと併用されることが多い。

555 I'll take care of it.
お任せください。

何らかの仕事や役割を依頼されたときの承諾の言葉。この take care of... は「～を引き受ける、～に対処する」という意味。

556 With pleasure.
喜んで。

相手の提案や要求を気持ちよく受諾するときに使うフレーズ。シンプルな表現だが、どちらかというとフォーマルな状況で用いられることが多い。

557 Have it your way.
お好きにどうぞ。

どちらかというと消極的な承諾や賛同を示すときに用いられる。場合によっては不本意なニュアンスが込められることもあるので、もっぱら、ごく親しい間柄で使われる表現と言える。

558 If you'd like.
お望みなら（どうぞ）。

相手の提案などを受け入れるときのフレーズ。相手の意志や要望を尊重する、というニュアンスがあり、あまり積極的な賛意を伝える言葉ではない。

No problem. I'm not busy next week, so any day is fine.

かまわないよ。来週は忙しくないから、何曜日でも大丈夫。

Do you want to get permission to use the auditorium? No problem. **I'll take care of it.**

講堂の使用許可を取りたいの？ 大丈夫。私に任せて。

Are you inviting me to the concert? **With pleasure.** It sounds wonderful.

そのコンサートに招いてくれるの？ 喜んで行くわ。きっと素晴らしいでしょうね。

Do you really want to go to the dean's office in your gym clothes? OK, **have it your way**, but I don't think it's a good idea.

本当にトレーニングウェア姿で学長室へ行くの？ まあ、好きにすればいいけど、いいとは思えないな。

Start practice earlier next week? **If you'd like.** It's up to you.

来週は早めに練習を始めるって？ そうしたいならいいよ。君次第だよ。

キーフレーズ 559 - 563 ◀ file 127

559 I agree (with...)

（〜に）賛成です／（〜と）同意見です

賛同の意を伝える最も一般的なフレーズのひとつ。with の後には、you など
の人を表す語句か、the idea などの事柄を表す語句が続く。

560 I'll second that.

それに賛成です。

この second は「〜に賛成する、〜を支持する」という意味の動詞。I'll
second that. は相手の発言内容などに賛意を示すときの定形表現で、I'll と
未来表現が用いられる点に注意したい。

561 I'm all in favor of...

〜にまったく賛成です

この in favor of... は「〜に賛成して、〜を支持して」の意味を表す。of の後
には、原則的に意見や事柄を表す語句が続く。all は強調のための語で、省い
てもかまわない。

562 I'm for...

〜に賛成です

この for は「〜に賛成して、〜を支援して」という意味。前置詞だが、形容詞
のように使われる。for の後には、人を表す語句または意見や事柄を表す語句
が続く。この意味の for の反意語は against（〜に反対して、〜に不賛成で）。

563 I feel the same way.

同感です。

相手の見解などに賛同したり共感を示したりするときの言葉。この the same
way は「同じように」という意味の副詞句。

I agree with you. We have too much homework this semester.	私もそう思う。私たち、今学期は宿題が多すぎるよ。
I'll second that. A picnic at the lake would be fantastic.	それに賛成。湖でピクニックなんて最高だよ。
I'm all in favor of the idea of taking a short trip before graduation.	卒業前に小旅行をするというアイデアに大賛成です。
I'm for having the party the following weekend, after exams are finished.	試験が終わった後の週末にパーティーを開くのに賛成です。
I feel the same way. I think it would be nice to go back home during winter break.	同感だね。冬休み中に帰省するのはいいと思うよ。

564 I'm with you.

同感です。

- -

この with は「～と同意見で、～に賛成して」という意味の前置詞。同じ前置詞でも 562 の for とは違って、with の後には人を表す語句しか続かない。なお、この with の反意語は、for の場合と同様に against である。

565 You can say that again.

まったく同感です。／まさにそのとおり。

- -

相手の発言内容に対する強い同意や共感を示す言葉。「（見事に言い当てているから）何度でも言ってくれ」といったニュアンスで使われる。You said it. も、ほぼ同じ意味を表せる。

566 That makes sense.

なるほど。／ごもっとも。

- -

同意や共感を表す口語的な言い回しのひとつ。make sense は「うなずける、理解できる」といった意味のフレーズで、that は直前に相手が言った意見や考えを指している。

567 You're right.

そのとおりです。

- -

相手の発言内容に対する同意・共感を表す頻出表現。That's right. や単に Right. だけでも、同様の意味を伝えることができる。

568 I have no objection.

異存はありません。

- -

objection は「反対」の意味。つまり、このフレーズは「私はいっさい反対していません」という言い方で、相手に賛意を示している。

I'm with you. I think students are too apathetic about politics and world events.

同感だね。学生たちは政治や世界の出来事に無関心すぎると思う。

You can say that again. The new rules are way too strict.

まさにそのとおり。新しい規則は、あまりにも厳しすぎるよ。

That makes sense. I think it will be more fun for everyone if we meet after exams are over.

もっともな話だね。試験が終わってから集まったほうが、みんなも楽しめると思うよ。

You're right. It's late. I should get going before the campus shuttle stops.

そのとおり。遅くなってきた。キャンパス・シャトル・バスが終わらないうちに帰ったほうがよさそうだ。

If you want to invite people from other clubs, **I have no objection.**

他のクラブの人たちを招待したいなら、異存はないよ。

Section 9
拒絶する・断る・反対する

キーフレーズ 569 - 573　🔊 file 129

569 Forget it.

駄目です。

相手の依頼や要求を強く断るときの口語的な言い回し。自分が何か言いかけて「やっぱり何でもない」とやめるときにも使われる。

570 I don't think it's possible.

無理だと思います。

不可能だという理由で、相手の提案に反対したり要求を断ったりする表現。I don't think I [we] can do it. と言い換えることもできる。

571 I doubt I can do it.

できないと思います。

動詞 doubt は「〜とは思えない」という意味。つまりこのフレーズは、I don't think I can do it. と言うのとほぼ同じ意味になる。

572 I'd rather not.

やめておきます。

この I'd は I would の縮約形。would rather は「むしろ、どちらかと言えば」といった意味。相手の勧誘や提案を「どちらかと言うと受けないほうがいいだろう」と断る表現として使われる。

573 I'm afraid I can't.

すみませんが、できません。

I'm afraid... は「あいにく〜、申し訳ありませんが〜」という意味の挿入節で、話者か相手かのどちらかにとって不都合な事柄を述べるときの枕詞として使われる。

Borrow my scarf? **Forget it.** You haven't returned the jacket you borrowed two weeks ago.

マフラーを借りたいって？　駄目だよ。2週間前に貸したジャケットもまだ返してくれてないのに。

You want me to come to practice on Saturday? **I don't think it's possible.**

土曜日に練習に来てほしいの？　それは無理だと思うよ。

I have a lot of homework, so **I doubt I can do it,** but I'll let you know for sure on Friday.

宿題がたくさんあるから、できないと思う。まあ、金曜日にははっきり返事するよ。

The football game? I don't like crowds, so **I'd rather not.** But thank you for the invitation.

フットボールの試合？　人混みが嫌いだから、やめておくよ。でも、誘ってくれてありがとう。

Go hiking with you? **I'm afraid I can't.** I have two exams next week and I have to study.

一緒にハイキング？　悪いけど、無理だな。来週は試験がふたつもあるから、勉強しないと。

574 **No way.**

絶対に駄目だ。／お断りだ。／とんでもない。

強い否定の言葉。親しい間柄で用いられる表現。提案を拒絶するとき、誘いを断るとき、主張に反対するときのいずれにも使える。

575 **That's not acceptable.**

それは受け入れられません。／それは駄目です。

相手の提案などを拒否するときの言葉のひとつ。I can't accept it. のように人を主語にするよりは、感情を排した冷静な印象を与える表現と言える。

576 **I don't really feel like it.**

あまり気が進みません。

---

feel like... は「〜に乗り気だ、〜したい気分だ」の意味。これを否定する形をとって、相手の提案などを断る表現として用いられる。don't と really の順序を逆にすると「本当にやりたくない」という強い拒絶の言葉になるので注意。

577 **I wish I could, but...**

できればしたいのですが〜

断りにくい誘いなどを、柔らかく断るときに使えるフレーズ。この could は仮定法過去。but の後には、普通、断る理由が続く。

578 **Maybe some other time.**

また別の機会に。

相手の誘いを断るときによく使われるフレーズ。Maybe next time. という表現も、同じ意味で用いることができる。

Invite George? **No way.** He always argues with everyone, even the professor!

ジョージを呼ぶの？　お断りだよ。彼は必ずみんなと口げんかするからね、教授とさえもだ！

A table next to the kitchen? **That's not acceptable.** I made a reservation a week ago and asked for a table by the window.

厨房脇のテーブルですって？　それは駄目です。1週間前に予約をして窓際の席をお願いしたんですよ。

Sorry, but **I don't really feel like it.** I've been working hard and I want to take it easy this weekend.

悪いけど、あまり気が進まないな。ずっと忙殺されているから、今週末はのんびりしたいんだ。

This Sunday? **I wish I could, but** I have a report due on Monday, so I'll be really busy writing it.

今度の日曜日？　できれば行きたいけど、月曜日が締め切りのレポートで手一杯でしょう。

Sorry, I have to get home early tonight. **Maybe some other time.**

ごめん、今夜は早く帰宅しないといけないんだ。また別の機会に。

579 I need to think about it.

よく考える必要があります。／考えさせてください。

- -

相手の提案や要求に対して、即答を避けるときの表現。遠回しに断ったり、反対の意思を伝えるために使われることもある。

580 I'll have to consider it.

よく考えなければなりません。／考えさせてください。

- -

579 と同様に、即答を避けて時間を稼いだり、婉曲的に提案などを断るときに用いられる。

581 I'd rather you didn't.

やめておいてください。／やめたほうがいいですよ。

- -

相手が自分のために何かを申し出てくれたり、何かを依頼してきたときに、それを断る表現として使われる。I'd の would と didn't が仮定法過去で、婉曲的なニュアンスがある。

582 Thank you for asking.

声をかけてくれてありがとう。

- -

この ask は「尋ねる、打診する」の意味。相手の誘いなどを断ったあとで言い添えるのが普通。

583 I can't go along with...

〜には同意できません

- -

この go along with... は「〜に賛同する、〜に協力する」といった意味を表す。with の後には提案内容や方法論などを表す語句が続くことが多い。

I'd like to join you, but **I need to think about it.** I'm really busy these days.

参加したいけど、ちょっと考えさせて。最近、とても忙しくて。

Working for you would be a wonderful opportunity, Professor Leslie, but **I'll have to consider it.**

先生のお手伝いするのは素晴らしい機会だと思います、レスリー教授。でも、ちょっと考えさせてください。

You'd like to smoke here? Sorry, but **I'd rather you didn't.**

ここでたばこを吸いたいの？　悪いけど、やめておいてくれるかな。

I'm afraid I'm not really into campus dining. But **thank you for asking.**

悪いけど、あんまり学内で食事する気にならないんだ。でも、声をかけてくれてありがとう。

I can't go along with the way this club assigns different duties to male and female members.

このクラブが、男女の部員に別々の義務を課すというやり方には同意できません。

584 I disagree (with...)

（〜に）反対です

I agree (with...) の正反対の表現。I agree (with...) の場合と同様に、with の後には、人を表す語句または考えや事柄を表す語句がくる。

585 I'm afraid you can't.

残念ながらやめたほうがいい。／あいにく、それは無理でしょう。

573 の I を you に置き換えることで、相手の行動に反対するための表現として用いることができる。

586 I really don't think so.

そうとも思えません。／それはどうでしょうか。

相手の主張や提案にやんわりと反対するときの言葉。really を省くと、「そうは思いません」と断定的に否定する言い方になる。

587 I'm not sure about that.

それはどうでしょうかね。

相手の考えや主張にやんわりと反対するときの表現。be not sure about... は「〜に確信がもてない」という意味を表す。この場合の that は、相手の発言内容を指す。

588 That's not always true.

そうとは限りません。

相手の考えや主張を全面的に否定することなく、部分的に受け入れながら反対の意思を伝える表現。always の代わりに necessarily を使うこともできる。

I **disagree with** Tom's assessment of the class. I think it's really interesting.

トムのその授業に対する評価には同意できない。僕はとても面白いと思うよ。

Go backstage to meet the commencement speaker? **I'm afraid you can't**, because of security issues.

舞台裏へ行って卒業式の講演者に会いたいって？残念だけど、それは無理だろうね、保安上の問題があるから。

Dinner at a fancy hotel? Oh, **I really don't think so.** That's over my budget. How about going to a good, cheap Chinese restaurant?

高級ホテルで夕食？　いや、それはないだろう。予算オーバーだ。安くておいしい中華レストランはどう？

The best movie this year? **I'm not sure about that.** Why did you like it so much?

これが今年最高の映画？それはどうかな。何でそんなに気に入ったの？

That's not always true. Some places have student discounts and some don't.

そうとは限らないね。学生割引がきく店もあれば、そうじゃない店もある。

Section 10
相づちを打つ & つなぎ言葉を使う

キーフレーズ 589 - 593 　🔊 file 133

589 I see.
なるほど。

理解や共感を示す相づちのひとつ。I understand. や That makes sense. も、同様によく用いられる。

590 I hope so.
だといいね。

相手の話に対して、希望的観測を述べたり、同情や共感を示すときに使われる相づち表現。あまり期待できそうもないことについて「だといいけど」と皮肉っぽく反応するときにも使われる。

591 I hope not.
そうじゃなければいいのに。

590 の否定形。よくない、あるいはうれしくない可能性に言及されたときにリアクションとして使うことができる表現。

592 Great job.
すごいじゃない。

相手の手柄話や成功談を聞いているときに好意的なリアクションとして用いられる表現。Good job. や That's great. も同様に使える。

593 That's good news.
それはよかったね。

That's good. や Good for you.、Good on you.（イギリス英語）など、同様のニュアンスで使える相づち表現はたくさんある。

I see. Is that why you didn't come to class yesterday?

なるほど。それで昨日、授業を休んだんだね？

I hope so. It would be really fun if he could join us at the party.

だといいね。彼がパーティーに来てくれれば、すごく楽しいだろうな。

A test? Gee, **I hope not.** I haven't been studying much.

試験があるの？　やれやれ、なければいいのにな。あんまり勉強してないんだ。

You got an A? **Great job!** I knew you could do it.

Aを取ったの？　すごいじゃない！　あなたならできると思ったわ。

That's good news! It sounds like your dream job. Congratulations!

それはよかったね！　君にとっては夢のような仕事じゃないか。おめでとう！

594 You did it.

やったね。

- -

相手の成功談に対するリアクションとして使えるフレーズ。Way to go. という表現も、同様のニュアンスで用いることができる。

595 Are you serious?

本当なの？／うそでしょう。

- -

相手の意外な発言に対するリアクションの言葉。驚きの気持ちを込めて使われる相づち表現。Are you sure? だと、疑いのニュアンスが加わる。

596 Give me a break.

勘弁してよ。／まいったなあ。

- -

さまざまなニュアンスで用いられるフレーズだが、特に何かにうんざりしたり、自分の望まない事柄を聞かされたりしたときによく用いられる。この break は、もともとは「休憩」の意味。

597 You don't say.

まさか。

- -

相手の話に驚きを持って反応するときの相づちのひとつ。基本的に、文頭の you に強勢を置いて発音される。

598 You're kidding.

うそでしょう。／まさか。

- -

597 と同様に驚きの気持ちを表すフレーズ。この kid は「冗談を言う、からかう」という意味の自動詞。You're kidding me. や No kidding. といった形も用いられる。

You did it! You got a scholarship! Good for you!	やったね！ 奨学金がもらえるのか。よかったね！
You saw Amy? **Are you serious?** I thought she was on a study abroad program in France.	エイミーに会ったって？ うそだろう？ 彼女は留学プログラムでフランスにいると思ってたけど。
The paper is due on Friday? **Give me a break.** That isn't enough time.	レポートの締め切りは金曜日だって？ まいったなあ。それじゃあ時間が足りないよ。
You don't say. I had no idea he wanted to drop out of school.	まさか。彼が大学をやめたがってたなんて思いもしなかったよ。
You're kidding. You did the whole project yourself? It's really well-done.	うそでしょ。課題を全部ひとりでやったの？ 大したものだわ。

599 **I bet.**

だよね。

- -

相手の話に強い共感を示すときの表現。bet は「賭ける」の意味。「賭けても いいくらい、その話は間違いない」といったニュアンスが込められる。

600 **I guess so.**

だろうね。／そうみたいだね。

- -

「その話は、自分にも十分推測がつく」というニュアンスで、相手の話の内容 に対して共感を示す相づちとして用いられる。

601 **Just as I thought.**

やっぱりね。／思ったとおりだ。

- -

文頭に That's が省略されている。That's just what I thought. と言っても、 ほぼ同じ意味になる。

602 **That figures.**

やっぱりね。

- -

この figure は「当然だ、予想どおりだ」という意味を表す自動詞。相手の話 が予想どおりの展開になったときに、相づちとして使える。

603 **I know what you mean.**

言ってること、わかるよ。

- -

相手の話の内容に強い共感を示す相づちの言葉。know の代わりに see を用 いることもできる。また、I know. だけ、あるいは I know, I know. と繰り 返す形も、同様のニュアンスでよく使われる。

I bet. He always says he's going to be on time, but he never is.

だよね。彼はいつも時間を守るって言うけど、絶対に守らない。

I guess so. I can tell by his clothes that he likes sports

そうだろうね。服装を見れば、彼がスポーツ好きだとわかるよ。

Just as I thought. This assignment will count towards our final grade.

やっぱりね。この課題は最終成績に加算されることになるのか。

That new class is already full? **That figures.** I knew it would be really popular.

あの新しい授業、もう定員に達したの？　やっぱりね。あれはとても人気があるだろうとは思ってたんだ。

I know what you mean. I find that professor really hard to understand.

言ってること、わかるよ。あの教授は本当に理解しにくいからね。

Section 10 | 相づちを打つ＆つなぎ言葉を使う

キーフレーズ 604 - 608　　◀ file 136

---

604 That's tough.

それは大変だね。

- -

tough は「厳しい、きつい」という意味の形容詞で、特に会話では大変よく用いられる。That's tough luck. とも言えるが、こちらは皮肉っぽく聞こえることもある。

---

605 And then?

それから？／それで？

- -

相手に話の先を促すときに使えるつなぎ言葉。相手が、何かのことの顛末など、時間軸に沿って話をしているような場合には、特に効果的に使える。

---

606 Go ahead.

それで？／続けて。

- -

相手に話の先を促すときのつなぎ言葉。何かで話が中断されたり、自分が話に割って入ったりした直後に、よく用いられるフレーズだ。

---

607 So what?

だから何？／それがどうしたの？

- -

「そんなの当然じゃないか」といった意味で用いられるフレーズだが、話の流れや声のトーンによっては皮肉や批判の言葉にもなり得るので、注意が必要だ。

---

608 Who cares?

それで？／別にいいじゃない。

- -

「誰が気にするか、誰も気にしないさ」という反語的な言い回しで、深刻な話を一蹴したり、相手を鼓舞したりするときに使うことができる。

That's tough. But don't worry. I'm sure you'll do well on the next exam.	それは大変だね。でも、心配ないさ。きっと次の試験ではうまくいくよ。
You saw a dangerous-looking man near the dorms? That sounds scary. **And then?** Did you run away?	寮の近くで危険な雰囲気の男性を見たって？ それは怖いね。それで？君は逃げたの？
Sorry, I interrupted you. **Go ahead.** I'm listening.	ごめん、話を遮っちゃったね。さあ続けて。ちゃんと聞いてるから。
He already finished his final paper? **So what?** Matt finished a week ago.	彼はもう、期末レポートを仕上げたって？ だから何？ マットなんて1週間も前に終わらせてるよ。
The library was shut down? Well, **who cares?** It's not like people really studied there.	図書館が閉鎖されたの？まあ、いいんじゃない？実際にはみんな、あそこで勉強してたわけじゃなさそうだから。

INDEX

著者紹介

岡本茂紀（おかもと しげき）

上智大学外国語学部英語学科卒業。語学系出版社数社で、語学雑誌・一般語学書・英語テキスト・英語通信講座などの企画・編集・制作に従事。（株）マクミラン・ランゲージハウスで編集長を務めたのち独立。現在、主に語学出版物の企画・編集・制作を行う（株）オフィス LEPS の代表取締役、教育用英語コンテンツ制作会社 Bespoke Intercultural Group, Inc. の Chief Editorial Officer。先頃、高校生の娘を米国留学させ、留学生の親としての苦労や感動を味わった。共書に『会話を組み立てる英語プレハブ慣用表現 150』（コスモピア刊）他。

大学留学を成功させる
英語キーフレーズ 600+

2020 年 4 月 1 日　　第 1 版第 1 刷発行

著者：岡本茂紀

英文作成：ソニア・マーシャル、スティーブン・ウルエタ、
　　　　　ショーン・マクギー

装丁：松本田鶴子

編集協力：山口西夏、平田久子

写真：iStockphoto

印刷・製本：シナノ印刷株式会社
音声収録：株式会社メディアスタイリスト

写真：iStockphoto

発行人：坂本由子
発行所：コスモピア株式会社
　　　　〒 151-0053 東京都渋谷区代々木 4-36-4 MC ビル 2F
　　　　営業部　TEL: 03-5302-8378　email: mas@cosmopier.com
　　　　編集部　TEL: 03-5302-8379　email: editorial@cosmopier.com
　　　　FAX: 03-5302-8399
　　　　https://www.cosmopier.com/（会社・出版物案内）
　　　　https://e-st.cosmopier.com/（コスモピア e ステーション）

本書のご意見・ご感想をお聞かせください。

本書をお買い上げいただき、誠にありがとうございます。

今後の出版の参考にさせていただきたいので、ぜひ、ご意見・ご感想をお聞かせください。（PC またはスマートフォンで下記のアンケートフォームよりお願いいたします）

アンケートにご協力いただいた方の中から抽選で毎月 10 名の方に、コスモピア・オンラインショップ（https://www.cosmopier.net/shop/）でお使いいただける 500 円のクーポンを差し上げます。（当選メールをもって発表にかえさせていただきます）

https://forms.gle/TWREoEon9wZhRLe76

Act in English　Meaningful　Authentic and Personal

英語習慣をつくる！
日常まるごと 英語表現 ハンドブック

田中茂範／阿部　一　共著

これ1冊で「ほぼ」何でも言える！

海外の大学でのキャンパスライフに必要な表現もたっぷり紹介

　日常生活を 38 の場面、20 の話題に分類。さらにそれぞれを「動詞表現」「名詞・形容詞表現」「文表現」に分けてネットワーク。

　本書を片手に英語を生活の中へ、生活を英語化する！　そして自分の英語 My English をつくろう！

A5 判　665 ページ　定価　本体 2000 円＋税